VIOLENTES TRIBUNES

LE DOSSIER NOIR DU FOOT

BENJAMIN DANET

VIOLENTES TRIBUNES

LE DOSSIER NOIR DU FOOT

SOLAR

Remerciements

Je tiens à remercier chaleureusement ceux qui ont eu la gentillesse de répondre à mes questions.

Merci également à Philippe Lauria, alias « Tolio », pour sa collection de *Sup Mag*. A Stephane Testé, c'est une habitude, ainsi qu'à Thierry Probert pour sa précieuse documentation concernant la violence en général et le Paris Saint-Germain en particulier.

ISBN : 2-263-02778-5
Code éditeur : S02778

En souvenir du Kop Nord…

Avant-propos

Violentes Tribunes, titre réducteur pour une œuvre qui découle d'une sincère irritation. Marqué à vie par le bitume des stades, empêtré dans mes innombrables souvenirs et les échauffourées du samedi soir, je voulais avec ce modeste édifice rétablir une part de vérité. Rendre justice aux mordus du ballon, à tous ceux qui, par leur passion, leur dévotion, leurs sourires et leurs larmes, nous font parfois oublier les sinistres réalités d'un sport devenu business.

Montrés du doigt en de trop fréquentes occasions, déconsidérés par les institutions mercantiles du football français, les supporters sont, dans leur grande majorité, victimes des consternants clichés qui les affublent. Victimes de présidents de club intolérants ou de médias avides d'images fortes et de propos chocs.

Ne cherchant en aucune manière à masquer les trop nombreux débordements, ainsi que l'incurable bêtise de certains, je crois néanmoins crucial de souligner les erreurs, les fautes graves, de dirigeants planqués à l'abri des polémiques.

Bien que le journaliste Philippe Broussard, auteur du livre *Génération supporter*, se soit montré, dès 1990, « frappé par l'incapacité des autorités du football à aborder un problème qui les concerne au premier chef », rien depuis n'a été fait.

Quinze ans après les cadavres et les larmes du Heysel, les incidents perdurent. A Marseille, on insulte, à Saint-Étienne, à Bordeaux et partout ailleurs, on se bat. A Paris, on tend toujours le bras droit. Ligue nationale, Fédération française de football, clubs du championnat ou pouvoirs publics ont une grande part de responsabilité dans la violence qui gangrène notre sport tant aimé. Déplacements dangereux, attaques de cars, bastons organisées : voilà, par la faute d'amnésiques et d'incompétents, l'affligeant résultat de certaines rencontres. Qu'on ne s'y trompe pas, les victimes de Furiani, les agressés du Parc ou les blessés anonymes du week-end doivent également leur triste sort à la profonde léthargie qui touche la famille du football hexagonal.

Regrettable évidence : il est à l'heure actuelle plus facile d'acheter des stars que d'aménager des tribunes pour les supporters adverses, plus agréable de distribuer primes et contrats mirobolants que de fournir places, avantages et signes de gratitude à ses propres fidèles. Plus lucratif pour tous les médias confondus de vendre du sensationnel que de se préoccuper d'un mal récurrent. Plus fructueux pour la Ligue nationale de tronquer et de vendre l'âme du championnat de France de première division aux millions d'une chaîne à péage que de respecter les jours des rencontres. L'équité et les spectateurs, Noël Le Graët s'en moque. L'argent et les intérêts supérieurs ont une odeur que les supporters n'ont pas.

Au lendemain d'une Coupe du monde 1998 marquée, entre autres, par l'avènement des Bleus, l'écœurante magouille d'un partenaire de la FIFA, la barbarie de voyous incontrôlés et l'amateurisme de la police française, il est indubitable que le football risque tôt ou tard d'être synonyme de drame dans notre beau pays. Qu'on ne s'étonne plus, dès lors, d'entendre le président de la Commission nationale mixte de sécurité affirmer, sans crainte et sans remords, qu'« il est bon en France d'avoir de temps en temps un incident. Je le veux bien, car cela permet à ma commission de progresser ».

Violentes Tribunes, titre ô combien réducteur pour une tentative d'enquête sur non-assistance à personnes en danger.

CHAPITRE 1

Souvenirs, souvenirs

C'est une ville du Nord. Triste, paumée, dénuée du moindre apparat. Un univers de briques et de terrils. De ciel gris, de pluie, de rues désertes et de cafés bondés.

Froid dehors, chaud dedans, le climat quotidien est à l'image de la population : une armée de gueules noires au cœur sang et or, une multitude de Ch'tis, épris de convivialité, de ballon rond et d'un Racing qui envoûte les esprits.

Lui, comme les autres, n'échappe pas à la règle. Ni à son destin. Lensois de naissance et de cœur, Francis Richez est un homme fier. Fier de ses origines, de son parcours.

De cet officier de police de père qui lui offre la vie et qui n'attend pas ses 6 ans pour lui faire découvrir Félix-Bollaert, directeur des mines parvenu à la postérité sous les traits d'une enceinte footballistique. De sa jeunesse, source de convictions et de valeurs, passée sur les innombrables terrains de la région à apprendre le respect des autres et le goût de l'effort. Du Racing Club de Lens, son Racing, qui – respect ancestral oblige – dépêche ses meilleurs éléments le jeudi après-midi afin d'entraîner les écoliers de la ville. Voilà comment un petit gars frêle, pas vraiment doué et plutôt gauche, côtoie ses idoles.

« Il était impensable de ne pas avoir la culture du club, car nous avions l'opportunité de jouer au ballon avec des footballeurs lensois que nous considérions comme des vedettes. En ce qui me concerne, j'avais la chance et le bonheur d'avoir Marion Wisnieski comme professeur, un luxe. Nous disputions un championnat inter-écoles, avec une finale qui se déroulait en fin de saison à Félix-Bollaert. Pour des gosses comme nous, c'était fabuleux. »

Consumé le temps de l'innocence, des cours d'école, des premiers tubes de Johnny et d'un cathodique envahissant, l'enfant du Nord retrouve le théâtre de ses songes à la fin des années 60. Enfouie au milieu des clichés rebattus, partiellement touchée par une reconversion industrielle synonyme de crise économique, Lens l'ouvrière subsiste au travers des enluminures de Félix-Bollaert. Indéniable carrefour social, chaleureux avec ses 25 000 places, son unique tribune latérale et ses gradins découverts, Bollaert présente tous les quinze jours une ambiance ahurissante : des rencontres disputées devant 700 irréductibles qui discutent de tout et de rien, décryptent la semaine, tapent le carton et suivent les actions en se déplaçant.

Spectateur attentif, Francis Richez devient supporter assidu en épousant, après sa femme, les destinées du Racing Club de Lens dix ans plus tard.

« Un jour de l'année 1971, se souvient-il, un ami me parle d'une section de supporters installée en ville. Elle avait pour nom Vampelle, son siège se trouvait près de la place de la République, dans le centre de Lens. Au cours d'une réunion, ses responsables décident à l'unanimité de me nommer trésorier adjoint. Cela me flatte, mais, lorsque je l'annonce à ma femme, elle hurle. Elle ne voit pas d'un bon œil mon entrée au Racing Club de Lens, même parmi les supporters. »

Les réticences de Madame ne tardent pas à se justifier. Un an plus tard, la vie de couple s'inscrit entre parenthèses. Autre domicile, première maîtresse : vierge de tout palmarès, elle répond à l'étrange surnom RCL. S'habille de jaune et de rouge, passe son temps chez *Félix* et reçoit ses plus fervents admirateurs au Supporters club lensois, association réputée de 4 000 adhérents créée en 1916. « Mon entrée au Supporters club lensois tient là encore à un concours de circonstances. En 1972, lors du traditionnel rendez-vous des supporters à la mairie de Lens, on me demande de prononcer le discours de la section, car personne ne veut le faire. Ma courte allocution se déroule plutôt bien et le président du Racing insiste pour que je continue mon action à un niveau plus élevé. Par la suite, j'intègre donc le comité directeur du Supporters club lensois, ce qui me prend davantage de temps. J'y passe près de deux heures par jour, sans le regretter le moins du monde. A cette époque, il était bon d'être supporter. C'était différent, on ne vivait pas les mêmes sensations qu'aujourd'hui. »

*
**

Autre époque, autre style. Temps béni où le football n'est qu'un sport, un jeu. Pattes d'eph, tee-shirts moulants, couleurs vives, cheveux longs et idées courtes, les seventies et ses usages intègrent un ballon de forme ronde. La France entière se passionne pour les Verts de Saint-Étienne, ses Verts. Elle se colle à la télévision, aux transistors, envahit les Champs-Élysées. Achète des perruques, des disques et des écharpes. La France oublie l'avortement, le terroriste Carlos et la cavale rocambolesque de Mesrine pour s'enticher de Giscard, du *Taxi* de Robert De Niro et des *Apostrophes* de Bernard Pivot. Elle s'adonne goulûment au football, à la gueule d'ange de Dominique Rocheteau, à la coiffure

« air-bag » de Robert Herbin, ainsi qu'à la pipe de Roger Rocher.

Le président de l'Association sportive de Saint-Étienne ne se connaît aucun successeur. Au milieu des années 70, le football va bien. Très bien, même. Daniel Hechter, Claude Bez, François Yvinec, Bernard Tapie et autres fallacieux du futur n'en sont qu'au stade des projets. Pas de Noël Le Graët, non plus. Ni de Fournet-Fayard ni de Simonet ; juste Hidalgo et Platini, deux Michel associés pour le renouveau du football tricolore.

En dehors du carré vert, ça chante, ça rigole. On soutient son équipe. Le stade est une expression sincère, une représentation populaire et non populiste. A Marcel-Saupin, à Geoffroy-Guichard et même au Parc des Princes, aucun bras tendu, pas de banderole douteuse. Ça pue le ballon, le dépaysement, la fête : le meilleur moyen d'oublier les tracas de la vie quotidienne.

« Tous les quinze jours, poursuit avec émotion Francis Richez, nous nous retrouvions à Félix-Bollaert comme si nous allions à l'église. C'était un rendez-vous incontournable que nous abordions avec plaisir et sérénité. En déplacement, des familles entières venaient voir le Racing Club de Lens. Avec nos cars, nous passions le matin des matchs prendre les gens autour de Lens. Arrivés à destination, on buvait le verre de l'amitié avec les supporters de l'équipe adverse. Tout le monde se retrouvait dans des salles prévues à cet effet ou à la mairie de la ville, qui se faisait une joie de nous recevoir. C'était d'ailleurs le cas à Nantes et au Havre, où, après une réception à l'heure du déjeuner, nous organisions un match de football. Ça se passait bien, nous venions pour le ballon, seulement pour le ballon. Si, à Lille et à Paris, les fins de match étaient souvent animées, on n'en venait jamais aux mains, on en restait à la parole. Les supporters n'étaient pas séparés, ça ne servait strictement à rien. Même les policiers présents dans les stades prenaient du plaisir à regarder les rencontres. Quand on compare à aujourd'hui, que de changements… »

Avec sa voix lourde, sa mélancolie affichée et son regard perdu, ce supporter d'un temps révolu garde en mémoire un déplacement de Coupe de France contre Saint-Étienne. Plus qu'un match, une finale : l'aboutissement d'un parcours exceptionnel qui secoue une grande partie du Nord. Septièmes du championnat de France, les Sang-et-Or se distinguent cette saison-là en Coupe. Héros d'alors, figures emblématiques d'une région en mal de rêves, les Leclerc, Elie, Bousdira et autres Juraszek enflamment le stade Félix-Bollaert à chaque instant. Hystérie et confusion prennent place.

« Oui, c'était vraiment de la folie. Lors d'un tour précédent, nous avions déjà réussi l'exploit d'affréter près de 110 cars de supporters pour un déplacement. En finale contre les Verts, ce sont près de 160 cars qui quittent Lens et la région le matin même de la rencontre. Au dernier moment, il nous manquait bien entendu des billets et des bus pour pouvoir faire partir tout le monde. Nous avons donc fait appel au club de Saint-Étienne pour les places et à des écoles de Lens pour récupérer des cars. Malgré la courte défaite du Racing, je ne pourrai jamais oublier l'après-match. Aux abords du Parc des Princes, un grand nombre de nos supporters avaient arrosé le voyage et échangé leur maillot avec les supporters des Verts.

« Rentrés à Lens, nous nous sommes aperçus que nous avions avec nous une vingtaine de Stéphanois qui, sous l'emprise de l'alcool, s'étaient trompés de bus. Le lendemain matin, le président Roger Rocher téléphonait au club pour nous avertir que des supporters lensois étaient restés à Geoffroy-Guichard. Cette anecdote illustre bien l'ambiance particulière qui régnait dans les stades durant les années 70. Il y avait de l'amitié et du respect pour tous ceux qui soutenaient une autre équipe. Moi, je n'ai jamais vu le moindre accrochage. Cela nous paraissait inimaginable. »

***

En innocent incorrigible, Francis Richez n'a pas vent des débordements qui gangrènent peu à peu le football international. Faute d'un réel intérêt, et d'une médiatisation suffisante, les 320 victimes du match Pérou-Argentine en 1964 et les 66 morts du derby écossais Celtic-Rangers de janvier 1971 ont disparu des mémoires[1]. Au même titre que les 80 victimes d'un chaud derby à Buenos Aires trois ans plus tôt, ou comme les 200 blessés du match de Coupe de l'UEFA Feyenoord-Tottenham[2].

Tous autant qu'ils sont, nos voisins européens voient la violence s'installer. Durablement. En Angleterre, en Italie[3], en Espagne ou en Grèce, la baston traverse les frontières, les groupes se for-

1. Au Pérou, en 1964, tout allait déjà pour le mieux... C'est un but refusé à l'équipe nationale péruvienne lors d'un match de qualification pour les jeux Olympiques qui déclenche les émeutes. Résultat : 320 morts, 1 000 blessés et un incendie dans le stade. Quant au derby de Glasgow, c'est une monstrueuse bousculade dans un escalier à pente raide qui entraîne 66 morts et 108 blessés.

2. A ces événements tragiques, il convient d'ajouter les 48 morts et 47 blessés du Stade Zamalek du Caire en février 1974 lors d'un match entre une équipe locale et le Dukla de Prague, les 33 morts et 500 blessés enregistrés en 1946 à Bolton en raison d'une barrière déficiente, les 50 morts et 700 blessés recensés à Kirikhala et Kayseri à la fin des années 60 au cours de matchs du championnat turc, ainsi que les 27 victimes congolaises de décembre 1969 à Bukavu, piétinées au cours d'un mouvement de foule qui accompagnait l'arrivée dans le stade du président Mobutu.

3. Outre les fréquentes bagarres qui entachent les matchs du championnat italien, un supporter de la Lazio de Rome meurt le 28 octobre 1979. Il est touché par une fusée anti-grêle tirée par les supporters du club ennemi, l'AS Roma. Source : *Sup Mag*.

ment. La haine et la démesure s'inscrivent à chaque coin de tribune, sans que quiconque soit capable d'endiguer un fléau naissant.

Devenu journaliste respectable et respecté du *Sunday Times*, Chris Lightbone était à l'époque l'un des irascibles « bad boys » du club londonien de West Ham. Un intrépide de l'Inter City Firm[4], groupuscule extrémiste dont l'idéal est de défendre par tous les moyens un territoire, une couleur, des racines.

« Les années 70 ont été les plus violentes qu'ait jamais connues le football anglais, précise-t-il. Tout dégénère avec les virulents supporters de Manchester United, de West Ham, de Leeds, qui cassent tout en 1975 au Parc des Princes, ou encore de Milwall[5]. Contrairement à ce qui a été dit par de pseudo-sociologues ou certains journalistes, la violence des fans anglais ne provient pas exclusivement de Londres.

4. Le nom de plusieurs groupes de supporters anglais émane du mode de transport qu'ils utilisaient à l'époque. Ainsi, pour West Ham, l'Inter City Firm provient du réseau de train Inter City, des express à supplément que la police n'avait pas pour habitude de surveiller. On retrouve pour le club de Manchester City un cas similaire avec les membres du Main Line Crew.

5. Connus comme les plus violents du Royaume-Uni, les supporters de Milwall ont pour surnom les Bushwackers. L'appellation vient des petits buissons qui bordent les accès au stade de Milwall. Source : *L'Amour foot*.

« On la trouve également à Manchester, où l'incroyable popularité du club local[6] déplace les foules les plus diverses dans son stade d'Old Trafford et dans les autres enceintes du pays. De plus, la violence n'est pas qu'un phénomène social, loin de là. Le hooliganisme émane en premier lieu de la notion de territoire qui habite chaque citoyen anglais, elle est dans ses gènes. Son territoire correspond à son club, son stade, sa tribune, ses couleurs. A Londres ou ailleurs, le supporter anglais est prêt à tout pour les défendre et les faire respecter. Contrairement à ce que j'ai malheureusement pu lire, il n'a en aucun cas besoin d'être pauvre ou au chômage pour adopter une telle attitude. Cela est une pure invention. D'ailleurs, parmi les plus violents supporters du Royaume, nombreux sont ceux qui ont un boulot, une famille et de l'argent. Ils veulent juste se défouler le week-end en frappant sur tout ce qui bouge.

« Une fois cette notion de territoire comprise, on peut en effet évoquer l'importance de la *middle class* au cours des années 70. Cette couche sociale, touchée de plein fouet par la crise, n'avait pas grand-chose à faire et, en guise d'occupation, provoquait des incidents dans les stades, dans les rues ou à la sortie des concerts. »

***

6. La popularité et la légende du club de Manchester United puisent leur raison d'être le 6 février 1958, lorsque l'avion qui ramène les joueurs de Munich s'écrase. 23 personnes, dont la quasi-totalité de l'équipe, trouvent la mort ce jour-là.

Ainsi, les incidents se multiplient. Inscrit au panthéon de la violence, un groupe de Manchester appelé Red Army[7] sème la terreur à chacune de ses visites. Après avoir causé le trouble et la panique à Chelsea au printemps 1970, ainsi qu'à Arsenal deux ans plus tard avec des dizaines de blessés et une centaine d'arrestations, « les plus dangereux supporters anglais » – *dixit* Lightbone – s'illustrent à nouveau en 1974 à Manchester avec l'envahissement du terrain et, en 1975, à West Ham où l'on recense des blessés par centaines. Curieusement, cette vertigineuse ascension de la violence ne semble guère préoccuper l'Angleterre et le reste de l'Europe.

« Quand notre pays pleure son premier mort en 1974 à Blackpool, il n'y a eu qu'une légère prise de conscience, confirme l'ancien hooligan. Certes, les clubs de la Premier League se disaient horrifiés, mais leurs responsables ne changeaient rien.

« Dans les stades, et notamment à l'étranger, les hooligans anglais[8] agissaient comme ils l'entendaient. Les policiers étaient complètement

7. « Red Army » : armée rouge. En référence aux joueurs de Manchester United que l'on appelle depuis toujours les diables rouges, « red devils ». A noter que les membres de la Red Army sont à l'époque regroupés dans la tribune la plus chaude du stade de Manchester, Stretford End.

8. Apparu en 1898, le terme « hooligan » désignait à l'époque les détrousseurs des rues de Londres et de Glasgow.

dépassés[9]. En plus, et il est très important de le souligner, la presse anglaise ne rapportait pas tous les événements violents. Voilà sans doute pourquoi le réveil a été si brutal au début des années 80. »

***

En France, aucune trace d'un quelconque « réveil brutal ». S'estimant protégées des fauteurs de troubles, les instances de notre football ne se soucient guère de la sécurité dans les stades. Témoins, l'absence complète de structures et les propos de Jean Heckli, architecte chargé par Valéry Giscard d'Estaing et le président de la Fédération française de football, Fernand Sastre, d'assurer l'aménagement de six stades français à l'occasion du championnat d'Europe 1984.

Morceaux choisis : « Nous avons défini trois axes de priorité : accueil des spectateurs, des athlètes et des médias (...). La première exigence concerne la visibilité, le candidat spectateur doit

9. Les déplacements des clubs anglais et de l'équipe nationale procuraient aux hooligans l'occasion de se distinguer. En France, on se souvient plus particulièrement des supporters de Leeds en 1975, au Parc des Princes, pour une finale de Coupe d'Europe contre le Bayern (un supermarché avait été dévasté), et des visites de Liverpool et de Manchester United à Saint-Étienne (39 blessés, dont un grave, nombreuses bagarres et arrestations, tel avait été le résultat du match ASSE-Manchester United).

en effet venir au stade pour voir un match dans les meilleures conditions possibles (...). Vient ensuite se greffer une deuxième exigence à peine moins importante : le confort. La notion de confort est relative suivant que l'on habite Lens ou Strasbourg, Saint-Étienne ou Bordeaux. A Lens, on aime rester debout, manger des frites et se taper sur les cuisses[10]. Rien à voir avec Strasbourg, où l'on rencontre un spectateur de base beaucoup plus réservé. On doit tenir compte de ces particularismes pour définir le quota de places assises et debout dans les stades (...). Pour le public, il existe un troisième ordre de priorité : l'accessibilité. L'idéal, c'est un stade en plein centre-ville, parfaitement desservi par les transports en commun. »

Et la sécurité ? « Elle ne découle pas vraiment de ce que je viens de dire. La sécurité est un obstacle obligé que l'architecte accepte de franchir en vertu d'une réglementation très élaborée qui, en France, a fait ses preuves depuis des années. La catastrophe du Heysel est impensable dans un stade répondant aux normes prescrites par la législation des IGH (immeubles de grande hauteur) que nous respectons. »

10. Il est frappant de constater qu'au passé comme au présent les non-spécialistes de football ont pour fâcheuse habitude de dire des énormités. « A Lens, on aime rester debout, manger des frites et se taper sur les cuisses » est un cliché de grand niveau.

Les débordements ? « Les temps changent plus vite que les bâtiments. Qui aurait imaginé en 1972 que la pelouse du Parc des Princes serait un jour prise d'assaut par des supporters ? Qui aurait imaginé l'ampleur prise par le phénomène des hooligans ? »[11]

Eh oui, Monsieur Richez, qui aurait imaginé que vos sincères et émouvantes allusions au passé ne constituent plus aujourd'hui qu'un très lointain souvenir ?

11. Propos confiés à Benoît Heimermann et rapportés dans *L'Amour foot*.

CHAPITRE 2

Un Breton à Boulogne

Concerts, bastons, matchs de foot, le séjour linguistique est devenu mode de vie. Apprécié, chaque week-end, dans les ruelles crasseuses et incertaines d'une capitale anglaise qui lui renvoie les conditions mêmes de son existence.

A Londres depuis quelques mois, Fabian Guiomarc'h revit. Il oublie Paris, sa cité de banlieue et un PSG à ses premiers balbutiements, tire un trait sur son passé et ses lendemains prometteurs que lui offrait, paraît-il, une courtisée boule de cuir. Le déraciné breton n'a que 17 ans et, comme l'écrit Rimbaud, « on n'est pas sérieux, quand on a dix-sept ans ».

Non, pas de temps ni de place pour l'avenir et ses dangereux calculs. Seulement du rêve, plein la tête, et un esprit bourré de convictions. Satisfait de ce qu'il est, de ce qu'il fait, Fabian Guiomarc'h retrouve un semblant de Bretagne de l'autre côté de la Manche. Un échange scolaire, un bateau et une traversée de la Manche pour une *english way of life* qui lui offre un début de reconnaissance et lui permet de revendiquer d'ataviques valeurs sociales. « J'ai toujours été marqué par la fierté d'appartenir à un peuple, à une identité. C'est de famille. A la télévision, quand je voyais les Écossais ou les Gallois dans des rencontres sportives, j'étais ému par leur hymne, l'attachement qu'ils montraient à leur terre. Cela me touchait, c'était pour moi un rapport direct avec mes propres origines. »

Aux premières heures d'un thatchérisme aux effets dévastateurs, Londres et ses quartiers mal famés n'échappent pas à la misère galopante. Ce chômage qui s'établit, ces familles syndiquées, toutes brisées par la seule poigne d'une Dame de Fer prénommée Maggie. Rencontrés au détour des pubs clairsemés, des stades pleins et des concerts chauds, Guiomarc'h et ses « Rosbeefs » de potes défendent, eux, l'honneur de la *working class*. Avec des poings à la place des mots, avec les Mod's en guise d'ennemis.

« A peine arrivé, je me suis tout de suite reconnu dans ces Anglais des classes laborieuses. Nous avions en commun un passé, la situation professionnelle de nos parents ainsi qu'un grand nombre d'idéaux. Le vendredi soir, on prenait tous le chemin des concerts Oï[1], là où la rébellion contre l'établissement était significative. Notre haine allait à l'encontre des Mod's, ces petites frappes qui ne rencontraient aucun problème dans la vie. Il fallait les détruire, les éliminer, je me battais donc souvent. Pas forcément à cause du football. » Cheveux rasés, jean délavé, Doc Martens montantes et blouson de toile noir, l'adolescent au style vestimentaire singulier est l'exact reflet d'une jeunesse anglaise paumée : de tous ces « boys » sans issue et privés d'avenir. Coincés entre rêve et réalité, le stade de foot et l'ANPE la plus proche.

***

En cette fin des années 70, Fabian est à des années-lumière de Guingamp, en particulier, et de la France en général. Loin, très loin du gentillet *Rock Collection* de Laurent Voulzy et des pantalons moulants d'une vague disco qui se profile dans les amplis. Anonyme parmi les anonymes, le « Frenchie » d'outre-Manche s'exprime avec les concerts sulfureux d'Angelic Upstarts et son

1. Le mot « Oï » est à la base une abréviation du terme londonien « O, you ! » utilisé par les cockneys et servant à apostropher les gens. Quant à la Oï music, dont le contenu tourne généralement autour des valeurs ouvrières et nationalistes, elle se rapproche musicalement du punk. Les groupes Sham 69 et The Business avaient pour particularité de défendre les couleurs de West Ham.

leader Jimmy Pursey, chanteur zonard habitué des maisons de correction, de Sham 69, des Cockney Rejects ou encore de The Business, groupes punks ultraviolents qui réhabilitent l'icône prolétaire qui faisait défaut au ska.

Fabian Guiomarc'h s'extériorise également avec l'équipe londonienne de West Ham, modeste institution de Premier League qui s'illustre davantage par la violence de ses fans que par ses résultats. L'Inter City Firm, il connaît. Plus ou moins bien. Ses trois ou quatre déplacements effectués dans la saison ne lui permettent pas d'approcher les leaders charismatiques, même si l'assassinat d'un fan de Tottenham et la mort plus tardive d'un supporter espagnol de la Castilla ne sont pas à ses yeux une véritable surprise.

Fort de ces voyages, de ces souvenirs, le réel amateur de ballon qu'il est reprend goût au football. A ce sport et à cette passion qui l'enivrent, à l'émouvante communion qui lie joueurs et supporters anglais. Le football made in England, « c'est tous les jours. Dans toutes les têtes, dans tous les cœurs. Les supporters attendent le match tout au long de la semaine. Ils ne parlent que de ça, au bureau et à leur domicile, en famille ou avec les potes. On ne retrouve pas un pareil phénomène en France, où il n'y a pas de culture footballistique. »

⁂

La France, justement, Fabian Guiomarc'h y effectue son grand retour courant 1978. Ni fanfare ni trompette, juste l'implacable et peu réjouissante réalité de la vie. Victime du temps qui passe et des rares obligations auxquelles tout citoyen doit se soumettre, il intègre l'armée. S'engage pour un contrat à durée indéterminée. Majeur il est, responsable il doit devenir. Direction donc la banlieue toulonnaise et son école de marine. Place à l'uniforme, la rigueur, le respect de la hiérarchie et des horaires.

La « grande muette » n'offre que de rares moments de répit que Fabian partage entre sa bande et son stade, entre ses copains des Halles qui « détroussent les dealers de leur fric, de leur blouson, de leurs bottes et de leur came[2] », et le Parc des Princes. Ensemble, tous ensemble, ils prennent place dans les tribunes, non pas pour encourager le Paris Saint-Germain, soulever des drapeaux et accompagner de vive voix les tam-tams des supporters africains du PSG, mais pour défier les bandes rivales de la capitale, celles de Tolbiac et Bonsergent.

2. Propos rapportés dans le magazine *Globe*. La « bande des Halles » est la première bande de skins à Paris. Avec la complaisance des policiers, elle s'attaquait aux « crasseux, aux punks, aus sniffeurs de colle et aux babas ». Son chef, Farid, abandonna les siens en 1984 après qu'un de ses amis, âgé de 16 ans, eut la carotide tranchée pour une dette d'argent.

En marge des rendez-vous nocturnes, il est en effet salutaire de tuer le temps et de tromper l'ennui en allant s'afficher dans une enclave du Parc où les marginaux deviennent modèles.

Rapidement, Fabian se lie d'amitié avec d'autres figures de la tribune. « Au début des années 80, malgré l'armée, j'essaie d'aller de temps en temps au Parc des Princes. Je m'y rends sans la bande des Halles, car, à force de voir d'autres gens, je finis par sympathiser avec eux. » Eux, ce sont de détonantes accointances et d'illustres surnoms : « Chômeur », « Sniff », chanteur d'origine iranienne du groupe *Evilskins*, cloué sur une chaise roulante au milieu des années 80 après qu'un punk lui eut tiré dessus. Ce sont encore « Le Lensois », « Kronenbourg » ou « Batskin » qui, par leur dégaine et leurs procédés, contribuent à la sulfureuse réputation d'un Kop baptisé Boulogne.

Boulogne, le nom est lâché. Boulogne, la tribune de toutes les premières : la première à se baptiser Kop et faire ainsi référence au modèle anglais[3], la première à frapper et à faire voler les perruques des supporters de Saint-Étienne ou de Lens lors de leur

3. Le mot Kop connaît deux origines. La plus proche émane de Liverpool et de ses plus chauds supporters qui baptisèrent « Kop » une tribune du stade Anfield Road. Toutefois, le mot proviendrait d'une colline d'Afrique du Sud où de nombreux soldats britanniques furent tués pendant la guerre des Boers, à la fin du XIXe siècle.

présence au Parc, la première à couvrir de honte les dirigeants du Paris Saint-Germain qui jouent avec ses membres, les utilisent, sans tenir compte de l'ampleur du phénomène. Début 1980, le Parc des Princes est un mélange explosif d'Africains à Auteuil, de BCBG en tribune Paris, de figures du Sentier en présidentielle et de fachos à Boulogne !

Partagé entre le prestige de son Kop, les embrouilles du week-end et l'armée le reste de la semaine, Fabian Guiomarc'h n'alloue plus au Paris Saint-Germain les rares heures de temps libre dont il dispose. Futile à ses yeux d'aller supporter l'équipe de Francis Borelli aux quatre coins du pays. De Lille à Toulon, en passant par Bordeaux, les déplacements en car ou en train se font donc sans lui. Pire, il échappe parfois aux rendez-vous bimensuels que se donnent dorénavant au Parc les skinheads de la capitale. « Il faut me comprendre. Avec West Ham, j'avais connu ce qui se faisait de mieux au niveau du football et de l'ambiance. Le championnat de France avait tendance à me faire de la peine. Il n'était donc pas dramatique de rater quelques matchs. En réalité, c'est plus le phénomène de groupe qui m'excitait. A Boulogne, la passion engendrait déjà l'excès. Sous toutes ses formes. »

⁂

Il est en revanche un match que Fabian ne veut manquer sous aucun prétexte. Le 29 février 1984, l'équipe de France accueille l'Angleterre. Chez lui, au Parc des Princes, sur son territoire, dans sa tribune, face à onze joueurs anglais et des centaines de supporters qu'il estime.

Ayant fait du hooliganisme un modèle déposé, les enfants de la perfide Albion ont dans toute l'Europe d'innombrables disciples : des Grecs, des Italiens, des Espagnols et des Français qui utilisent le football à fins identitaires et profitent de l'espace de liberté que procurent les tribunes pour hurler leur désespoir à la face du voisin. Le système économique montrant déjà ses failles sur le vieux continent, il n'y a pas de raison apparente pour que Fabian Guiomarc'h y échappe. La vie, l'armée et le Paris Saint-Germain ne lui octroient aucun avantage. Pas le moindre piston, pas de fréquentation bien placée pour s'installer avec celle qu'on aime. Fonder une famille, tout simplement.

« Avant de devenir père, je cherche un toit en banlieue parisienne pour pouvoir loger les miens. C'est l'époque où Paris regorge d'affiches à la gloire de la natalité. Il faut faire des enfants, aider les jeunes à s'installer. A cet instant, je pense remplir les critères de sélection, jusqu'au jour où l'on m'annonce sèchement que les appartements libres viennent d'être donnés en priorité à des réfugiés politiques ayant obtenu le droit d'asile. Dans ma tête, tout s'écroule. Depuis six ans, je sers mon pays du mieux que je peux, je me défonce tous les jours pour lui et pour l'honneur de son armée. Cette histoire m'écœure, me bouleverse. J'ai alors la haine du système, de toutes ces magouilles qui nous entourent. Je n'hésite pas à donner ma confiance à celui qui prétend défendre d'abord les intérêts des Français, même si la fumisterie est évidente. »

Le 29 février 1984, sur fond de crise sociale, c'est emplis d'un ébahissant amas de haine et d'admiration que les plus chauds supporters du PSG gagnent le Parc. Ultime fierté, le Kop ne doit pas être abordé. A match exceptionnel, préparatifs de circonstance : depuis un mois, les skins de la capitale ont convenu d'une trêve. Les bandes séparées ont mis en place d'interminables réunions qui ont pour objectif de délivrer les premières lettres de noblesse aux supporters du Paris Saint-Germain. Si la concertation donne ses premiers fruits le 27 janvier au Parc pour la venue de l'AJ Auxerre (cinq Parisiens arrêtés et 150 000 francs de dégâts), ils sont, ce 29 février, plus de 200 crânes rasés à se donner rendez-vous porte de Saint-Cloud.

A l'instar de ses camarades, Fabian apprend en milieu de journée les premiers exploits des supporters anglais, qui, le matin même, saccagent une partie du ferry *Saint-Éloi* ainsi que le train les conduisant à Paris. Des actes de vandalisme qui n'attisent guère son acrimonie. « Dans mon esprit, il n'y a pas de raison objective d'attaquer les Anglais. J'en connais quelques-uns et je sais qui vient au match. Ils se doivent seulement de respecter notre territoire : le Kop de Boulogne. »

⁂

Quelques secondes suffisent pour mettre à mal le pacifique discours. Porte de Saint-Cloud, Fabian est vite confronté à ses modèles, à cette violence qui le transcende. En compagnie de sa petite amie, alors enceinte, dans la voiture que lui ont prêtée ses parents, il est assailli par une dizaine d'individus qui détruisent la carrosserie de son véhicule à coups de battes de base-ball. Face au café *Les Trois Obus*, 300 supporters anglais, ivres de haine, donnent au Parc des Princes des allures de champ de bataille. Hystérique, l'épidermique Guiomarc'h vide instantanément son coffre rempli de barres de fer, poings américains et armes de défense. Il s'attaque aux Anglais, œuvre à sa propre statue, donne des coups, en reçoit et se résout à prendre la fuite.

C'est sous un flipper du café *Le Terminus*, honteux, qu'il trouve refuge. En dépit des menaces répétées du patron et du chien de l'établissement, il n'attend plus que l'arrivée – tardive – de la police.

Conscient de ne pas « être passé loin du drame », Fabian repart toutefois au combat, persiste à vouloir déloger les supporters anglais qui viennent bien entendu de s'emparer de la tribune Boulogne. Dans la confusion générale, les forces de police montrent leur atterrante incapacité. Débordés, confrontés à une violence qu'ils ne soupçonnaient pas, les CRS entament un déconcertant dialogue avec les crânes rasés du PSG. Le message est très clair : « Les CRS nous ont dit que, si les Anglais montaient dans notre tribune, ils nous donneraient un coup de main pour les déloger. En revanche, si nous allions les provoquer en bas, nous devions assumer nos actes. Ils resteraient à l'écart et n'interviendraient pas dans les bagarres. »

La convention demeure une vague intention. Avant que le match ne débute, histoire de défendre ce qu'ils appellent « leur territoire », Fabian et ses affidés s'engouffrent, visages amochés et larmes aux yeux, dans le bas de la tribune Boulogne. A cet instant, il aperçoit un jeune homme à terre, inanimé : son frère vient de recevoir un coup de hachette en pleine tête. « Au moment où je le vois, je perds le contrôle de moi-même. Il pisse le sang, et, en l'accompagnant au poste de sécurité afin qu'il soit ensuite transféré à Ambroise-Paré, je n'ai plus qu'une seule idée en tête : tuer un Anglais, rugit encore Fabian quatorze ans après. Mon année passée là-bas, mes souvenirs et mon amour pour ce pays n'existent plus. Même si je sais que mon frère va s'en sortir, je les hais tous, je veux leur défoncer la gueule. »

Vengeance, tuerie, l'inédit vocabulaire du football s'enracine une bonne partie de la nuit. A la faveur de l'obscurité complice, dix supporters parisiens prennent la direction de la gare du Nord, où les Anglais attendent le train du retour. Attablés aux cafés, les hooligans de Sa Très Gracieuse Majesté n'éprouvent aucune difficulté à reconnaître Guiomarc'h et les siens, qui prennent aussitôt la fuite.

Insensé, un Parisien persiste toutefois à narguer les supporters britanniques. Tombé dans le piège, il rapportera de cette maudite soirée de temporaires écorchures et une indélébile balafre de plusieurs centimètres allant du bas de la joue en haut de l'arcade sourcilière. Les Anglais aussi savent jouer du rasoir…

⁂

Le 29 février 1984, le monde du football retient la victoire de l'équipe de France, 2-0. Seul problème, et il est de taille, personne ne s'attarde sur l'autre résultat d'un match prétendument amical. Quatre-vingt-dix blessés, dont deux grièvement, 40 interpellations, une centaine de véhicules endommagés et des milliers de sièges arrachés, tel est l'autre bilan du match France-Angleterre.

« Plus rien ne sera comme avant, assène Fabian Guiomarc'h. Ce match est un tournant dans l'histoire de la violence dans les stades français. Je peux vous assurer que, pour beaucoup de gens, il a changé leur façon de voir les choses. Moi, je décide de quitter l'armée, qui ne m'a rien apporté.

Je suis dès lors résolu à me consacrer exclusivement au Paris Saint-Germain. A son honneur et à celui de la tribune Boulogne. » La sombre histoire du hooliganisme français vient alors de débuter.

Un soir d'hiver, il y a près de quinze ans.

CHAPITRE 3

Le tournant

Voici venu le temps de la rigueur. Du doute, des sacrifices et d'un espoir en partie déçu. Depuis des mois, la vague rose ne porte plus, le pays va mal. Inflation galopante, chômage persistant, l'idéologie laisse place au pragmatisme. En proie au mal-être, les Français sont dans la rue, les durs dans les stades. Phénomène de société, voire de mode, la violence fait alors figure d'échappatoire, de soupape de défoulement face à la misère sociale.

Dans les têtes, dans les faits, dans les villes et les banlieues, cette foutue violence offre du répit, un soupçon d'existence et une bonne dose de fierté. Par la seule volonté de marginaux au champ d'action illimité, les stades de l'Hexagone n'y échappent pas. A Paris, à Lille ou au Havre[1],

1. A défaut d'être des places fortes du football français, Paris, Lille et Le Havre avaient à l'époque pour particula-

on affiche sa proximité, ses préférences : une inspiration britannique caractérisée par le regard mauvais, l'œil défiant et le cheveu ras. De biens curieux supporters que le Lensois Francis Richez voit éclore de son antre de Félix-Bollaert.

« Après les sérieux incidents du match France-Angleterre au Parc des Princes, et avant même le championnat d'Europe 1984 sur notre territoire, on observe un tournant dans les tribunes de nos stades. Nous voyons en effet apparaître une forte inspiration anglaise avec de nouveaux slogans, des chants et des inscriptions sur les banderoles. Les noms que se donnent les groupes de supporters s'en inspirent également. On ne sait pas vraiment pourquoi ni comment, mais l'Anglais, dans tout ce qu'il a de bon et de mauvais, devient à la mode. »

Loin des pompeuses réflexions de sociologues qui n'ont jamais traîné leurs guêtres dans une tribune, Jean-Philippe Leclaire, intervenant éclairé et journaliste au quotidien *L'Équipe*, avance un début d'explication en insistant sur « la brutale apparition des groupes de supporters organisés. Auparavant, on retrouvait derrière les buts des gens qui venaient au stade pour se dis-

rité de compter des skinheads parmi leurs suppporters. Plus ou moins actifs, n'ayant que peu d'attirance pour le ballon rond, ces derniers se retrouvaient à l'occasion des rencontres qui opposaient leurs clubs.

traire, gueuler un coup et passer un bon moment. A cette époque, nous avions déjà des supporters, mais le sentiment d'appartenance à un club se limitait le plus souvent à la parole. Pour diverses raisons, ce n'est plus le cas au cours des années 80. Les supporters, du moins certains d'entre eux, en viennent plus facilement aux gestes. Ils se connaissent, se regroupent par affinités et on distingue dès lors dans les tribunes populaires deux catégories d'individus : les paumés, pour qui le foot représente l'essentiel, et ceux qui sont tranquillement installés dans la vie, mais qui veulent sortir de leur cocon habituel au travers du ballon. Pour tous ces gens-là, et comme l'explique très justement Chris Lightbone, ce sport constitue une excitation, un remède contre l'ennui tout à fait capable de les rendre agressifs et violents.

« Quant à l'inspiration anglaise qu'on constate au milieu des années 80, il suffit cette fois de se référer à notre situation géographique pour la comprendre. Par sa position, la France est au milieu de deux tendances. D'un côté, le Sud, avec une dominance italienne, voire espagnole, qu'on a pu ressentir à Marseille dans son Stade Vélodrome. De l'autre, le Nord, marqué à juste titre par un modèle britannique que l'on retrouve encore aujourd'hui à Lille ou au Paris Saint-Germain. Le juste milieu de cette carte, on peut, à l'heure actuelle, le situer à la ligne médiane du

Parc des Princes. Vous avez d'un côté la tribune Auteuil, qui se rapproche plus de ce qui se fait en Italie, et de l'autre Boulogne qui, ce n'est un secret pour personne, a toujours affiché son inspiration anglaise à tous les niveaux. »

⁂

Couverte d'opprobre, la tribune Boulogne n'a pourtant pas le monopole de la castagne. Loin de là. Si sa seule allusion provoque chez certains crainte et méfiance, et si bon nombre de journalistes se consacrent avec abondance sur son sujet, les exactions en tout genre n'ont pas pour seul cadre la capitale. Au nord comme au sud, la bêtise et l'inconscience s'emparent des gradins, jetant sur notre football les premiers voiles du discrédit.

Signes révélateurs du malaise : durant un duel « prestigieux » de Coupe de France entre Sedan et Maubeuge, l'arbitre de la rencontre, victime d'une pierre envoyée des tribunes, est évacué du terrain sur une civière ; le match Olympique de Marseille-Valence au Stade Vélodrome voit une cinquantaine d'excités s'attaquer au président du club phocéen, Jean Carrieu ; lors d'une banale rencontre de deuxième division opposant l'Olympique Lyonnais à l'OM au stade de Gerland le 11 avril 1984, on déplore 20 blessés dont 2 graves, une centaine d'interpellations et des dégâts considérables. Ce match vire même au drame dans les semaines qui suivent avec la mort d'un spectateur, Serge Fuster, touché de plein fouet par une fusée envoyée d'on ne sait où[2].

Préoccupées par l'approche du très attendu championnat d'Europe 1984, ainsi que par les médiatiques skinheads du Paris Saint-Germain, les autorités sportives et publiques ne montrent aucun égard à la première victime française du hooliganisme. Pas plus, d'ailleurs, que pour les habituelles échauffourées qui accompagnent certains de nos matchs. Outre les peu recommandables abords du Parc des Princes, les derbys du championnat de France se ponctuent à leur tour de mini-drames.

Ainsi, les fratricides Saint-Étienne - Lyon, Bordeaux-Toulouse ou Nantes-Bordeaux sont autant de duels synonymes de voitures endommagées, de plaies ouvertes et de détours par les hôpitaux les plus proches. Autant d'incidents graves que la presse traite avec parcimonie et que « l'on commence même à considérer comme normaux, juge Francis Richez. Dans notre région, nous avons notre grand derby entre les équipes de Lille et de Lens. Ce match, plus que tout autre, est pour certains l'occasion de s'en donner à cœur joie. A Félix-Bollaert, le car des supporters lillois est régulièrement bombardé de cailloux et, quand nous

2. Quatre ans après les faits, l'Olympique Lyonnais fut condamné à 150 000 francs de dommages et intérêts. Une somme reversée en intégralité à la famille de la victime. L'assassin, lui, court toujours.

allons à Lille, nous sommes par la force des choses attaqués de tous les côtés. Une fois, le car qui nous transportait a failli terminer sa course dans le canal qui jouxte le stade Grimonprez-Jooris. Certes, nous étions choqués, mais l'incident en lui-même ne constituait pas une véritable surprise. Avec tout ce qu'on entendait ailleurs, nous nous étions fait une raison. On devenait fataliste. »

***

Les frayeurs, les supporters du Racing Club de Lens les accumulent. Comme pour ce huitième de finale retour de la Coupe de l'UEFA, où ils sont pris à partie par des excités du Sporting Club d'Anderlecht[3].

Avec le recul, Francis Richez considère être « passé tout près de la catastrophe à deux reprises. La première à Bruxelles, avec les Belges d'Anderlecht. Leur équipe venait de se qualifier, mais ils nous ont tout de même attaqués en plein centre-ville avec des barres de fer. Ils étaient comme fous. Nous nous sommes retrouvés coincés au milieu des voitures, bombardés de projectiles sans que la police intervienne. Le spectacle était saisissant.

3. Le match aller s'était soldé par un score de parité, 1-1. Ce soir-là, les Lensois n'avaient dû leur but égalisateur qu'à une pierre jetée des tribunes. L'objet tant décrié avait en effet dévié la course du ballon et l'avait propulsé dans les buts d'Anderlecht.

« Ma seconde angoisse fut plus tardive. A Strasbourg, lors d'un match de Coupe de France, le club avait organisé un déplacement en train, car les supporters lensois étaient très nombreux. Sur le chemin du retour, entre le stade de la Meinau et la gare de Strasbourg, nous avons été assaillis par un groupe de skinheads. Une fois dans le train, à peine remis de nos émotions, nous nous sommes fait tirer dessus. La vitre d'un compartiment s'est brisée et notre train a dû s'immobiliser. L'occasion était trop belle pour que le groupe de skinheads ne revienne pas nous attaquer. En dépit de la présence du maire de Lens avec nous cet après-midi-là, ce triste épisode n'a pas fait grand bruit dans la presse locale et nationale. Ça ne devait plus surprendre grand monde ».

⁂

Au milieu des années 80, au lendemain d'un championnat d'Europe qui a engendré quelques incidents, la violence dans les stades français n'est plus une anomalie. Déjà.

De la première à la troisième division en passant par les terrains anonymes de nos villes, ils sont dorénavant nombreux à s'extérioriser, à vouloir plus que tout apparaître comme des marginaux. En plein cœur d'une société sans repères, il est opportun d'insulter l'adversaire, de jouer de la menace et – pourquoi pas ? – de le rouer de coups, d'imiter des professionnels qui, sous la pression des résultats et de l'argent facile, sont tombés dans l'excès et la démesure. Comme chez nos voisins britanniques, la violence s'inscrit dans nos gènes. Sur et en dehors du rectangle vert, le signal d'alarme vient tout juste de retentir. Personne, malheureusement, ne semble vouloir l'arrêter.

CHAPITRE 4

Une sale histoire belge

Seules une passion et une vieille dame bien portante venaient parfois lui rappeler ses origines : ce bout de terre italienne perdu au bas de la botte, abandonné à 18 mois avec pour principaux bagages l'amour du football et de la Juventus de Turin.

Papa, « la Mamma » et « tutta la famiglia » avaient décidé d'émigrer voilà trente ans. Traverser les Alpes, oublier Bari et offrir au petit Raphaël une vie teintée de bleu, de blanc et de rouge. De ballon et d'un indéfectible respect pour une « Vecchia Signora[1] » qui hantait la mémoire du chef de tribu. La frontière franchie et le temps

1. « Vecchia Signora », en français « Vieille Dame », est l'un des nombreux surnoms donnés à la Juventus de Turin en raison de sa longue existence.

écoulé n'avaient pas eu raison du gamin, trop heureux sans doute d'honorer les consignes requises. Ivre de football, plein de célérité, Raphaël De Santis dépassait même les plus folles illusions paternelles en tâtant du cuir, et plutôt bien, au Red Star, à Bagneux et à Bourg-la-Reine.

Des certitudes de la pelouse à l'angoisse des tribunes, il n'y avait qu'un infime périmètre qu'un certain Michel Platini l'avait poussé à franchir, presque contraint et forcé. Fasciné par la technique du numéro 10 de l'Association sportive Nancy-Lorraine, satisfait de se comparer, ne serait-ce qu'un seul instant, avec cet « autre Français d'origine italienne », Raphaël ressentit le coup de foudre un soir de match. En quelques secondes et autant de gestes rares, il choisit d'accompagner de l'œil et du cœur la carrière de sa fraîche idole. De suivre ses rencontres, ses prestations, de parcourir la France, pour un simple et court échange avec celui qu'il avait pour déférente habitude d'appeler « Monsieur Platini ».

Après Nancy, sa place Stanislas et son stade Marcel-Picot, le Franco-Italien de la banlieue parisienne donna lui aussi son accord au président Roger Rocher pour rejoindre les Verts de Saint-Étienne. Tous les quinze jours, en avion, en train ou en voiture.

« Pendant trois ans, j'ai été un habitué du stade Geoffroy-Guichard. Comme bon nombre de Français à l'époque, j'étais supporter de l'AS

Saint-Étienne, ce qui m'avait donné l'envie d'aller à Glasgow en 1976 pour la finale de la Coupe d'Europe des clubs champions contre le Bayern de Munich. Lorsque Michel Platini évoluait dans le Forez, j'ai assisté à près de vingt-cinq matchs par saison. Dans le Chaudron vert, mais également à l'extérieur où j'essayais de rater le moins de rencontres possibles. La majeure partie de mon temps libre, je le consacrais aux Verts et à leur prestige d'alors. »

Et Platini, dans tout ça ? Son attitude, ses réactions[2] ? « Je l'avais déjà approché, à Nancy. En me voyant, il avait pour habitude de me dire que j'étais comme lui, un Français d'origine italienne. On discutait souvent, on rigolait, même à Saint-Étienne, rien n'avait changé. Je l'attendais à la sortie des vestiaires ou aux cocktails d'après-match. J'arrivais toujours à obtenir un petit mot, un signe. Michel Platini savait bien que je me déplaçais pour lui. Uniquement pour lui. »

***

Signe du destin ou heureux concours de circonstances, l'inébranlable dévotion reçoit un début de gratitude aux premières heures de la caisse noire stéphanoise, lorsque Platini devient

2. A propos de Michel Platini et du drame du Heysel, se référer à l'excellente biographie du journaliste Jean-Philippe Leclaire : *Platini, le roman d'un joueur*.

« Michel », « il Francese » de la Juventus de Turin. Pour le père comme pour le fils, le rêve devient réalité. Les De Santis sont aux anges, séparés par la raison et les glorieux souvenirs de l'un, la passion et les lendemains prometteurs de l'autre.

Débordant d'ardeur, le fiston s'inscrit sans tarder au Juventus Club de Paris et se rend dès que possible au stadio communale, cadre exigu des exploits du club piémontais. Nancy et Saint-Étienne entreposés dans la case souvenirs, voilà désormais Turin soumis aux frénétiques visites de Raphaël. Des trajets et des centaines de kilomètres rendus possibles par un emploi d'agent d'escale dans une compagnie aérienne. Et puisque la vie est belle, que le foot est roi, que l'avion ne coûte pas cher et qu'on ne se remet pas aisément du passage du meneur de jeu chez les Verts, les déplacements dans le nord de l'Italie souffrent de temps à autre d'un léger détour par le Forez.

« En avion, grâce à mon boulot, le trajet Paris-Lyon ne me coûtait que 10 % du billet. J'essayais donc d'aller à Geoffroy-Guichard le samedi soir pour les matchs de l'ASSE et de partir le dimanche matin pour Turin. Avec le Juventus Club de Paris, j'arrivais à obtenir des billets. Au stadio communale, je m'installais dans le chaud virage Philadelphia, encourageais la Juve comme un malade et ne regardais que Michel Platini sur le terrain. »

Les rencontres dominicales terminées, alors que « Platoche » n'a pas encore délaissé short et maillot pour le strict costume sombre, Raphaël De Santis joue son week-end. Il n'attend plus qu'un regard, une parole, pour que le jour de grand-messe soit synonyme de vœu exaucé. Face aux journalistes, photographes et centaines de tifosi en attente de l'icône, le placide au physique d'Alain Giresse éprouve toutes les peines du monde à se faire remarquer, à obtenir une place au soleil dans l'angle de vue d'une star trop convoitée. Comme chez tout supporter qui se respecte, l'envie devient pourtant pressante : fini les bonjours, les futiles échanges. Raphaël veut plus, un peu plus, et sans doute déjà trop.

« A l'époque, j'attendais autre chose de Michel Platini. Je désirais être plus proche de lui, sans pour autant le déranger. Je n'arrêtais pas de me dire que tous mes voyages étaient pour lui et que j'avais peut-être droit à un peu plus de reconnaissance. Mais il n'y avait pas que moi, d'autres devaient être dans le même cas. On ne pouvait pas approcher aussi facilement une star du ballon rond. »

Dénué de rancune, l'accoutumé de la tribune Philadelphia calme ses envies et entretient sa naturelle joie de vivre. Brillants résultats obligent, il se languit des Scudetto et des titres de meilleur buteur de Michel Platini. Pour lui et pour l'équipe turinoise, ne reste plus qu'à combler un vide, une obsession. S'adjuger le seul trophée manquant : la Coupe d'Europe des clubs champions.

Battu à deux reprises en finale, contre l'Ajax d'Amsterdam en 1973 et dix ans plus tard par les Allemands de Hambourg, le club du puissantissime président de la Fiat Giovanni Agnelli ressent péniblement cette lacune. L'inattendue défaite contre Hambourg en 1983, 0-1, n'ayant pas été digérée par les boulimiques Italiens, il est une obligation, un devoir, pour Zbignew Boniek, Gaetano Scirea, Paolo Rossi et tous les autres : c'est de s'imposer lors de l'édition 1985.

En compagnie de 40 000 Turinois déchaînés, Raphaël est dans les travées du stadio communale pour la demi-finale entre les « Bianconneri »[3] et les Girondins de Bordeaux. Large victoire 3-0, un but de Michel Platini et une ambiance des grands soirs, les contraignants kilomètres du retour vers Paris sont quelques heures de bonheur au cours desquelles il analyse le match, revoit les buts, les actions du maître, et se décide, sous le coup de l'émotion, à rejoindre Bruxelles le 29 mai pour une finale que la Juventus de Turin ne peut manquer.

⁂

Aux premières vagues de chaleur que prodigue le printemps 1985, alors en quête de précieux

3. Bianconneri : blanc et noir, les couleurs ancestrales de la Juventus de Turin.

billets, Raphaël De Santis est confronté au doute. Le 2 mai, par voie de presse, l'Union royale belge annonce tout d'abord que la finale opposant la Juventus au Football Club de Liverpool au stade du Heysel se jouera à guichets fermés. D'autre part, l'Europe tout entière ne cache pas son affliction devant la récente tragédie de Bradford (Angleterre), ces 53 morts et 200 blessés, victimes le 11 mai de la bêtise humaine et d'un vétuste stade de bois. A l'image des millions de passionnés que regroupe la planète foot, les De Santis sont effarés par le comportement des supporters anglais, tétanisés par ces nouvelles sordides en provenance de la perfide Albion. Match après match, semaine après semaine, les journalistes français ou étrangers évoquent des terrains envahis, des sièges détruits, 74 arrestations, des policiers blessés et un spectateur dans un état grave recensés lors d'une seule journée de championnat.

A l'approche d'un déplacement qui se doit d'être une fête, Raphaël De Santis a peur, trépigne d'inquiétude malgré ses 31 ans et sa grande expérience des stades les plus chauds. Seule une tardive et alléchante proposition du Juventus Club de Paris lui ôte son avant-goût d'anxiété.

« C'est la passion qui me pousse à partir pour Bruxelles. Je pense effectivement que ça peut dégénérer et que les fans de Liverpool sont susceptibles de se faire remarquer. Mais, comme on me propose des billets à 250 francs, ce qui n'est pas énorme pour une finale de Coupe d'Europe, je n'hésite pas bien longtemps. J'achète même des places pour mon frère Jean et un ami de la famille, Claudio Zavaroni. Travaillant la semaine de la rencontre, nous partons pour Bruxelles le mardi soir. Il n'y a que trois heures de route pour voir mon équipe préférée et mes amis supporters de la Juventus de Turin. L'excitation est grande. »

⁂

Au volant de la somptueuse et puissante BMW qu'il vient à peine d'acquérir, Raphaël et ses passagers gagnent la capitale belge le 28 mai en fin de soirée. Refusant l'onéreuse formule « hôtel + match » du Juventus Club de Paris pour 750 francs, les trois supporters débarquent à Bruxelles dans l'inconnu. Sans frites, sans repère, sans hôtel, mais avec l'envie de parler italien, d'échanger dans les tavernes enfumées d'interminables souvenirs, des impressions, des pronostics. Alors que la nuit s'annonce belle et étoilée, le lever du jour se passe de tout autre commentaire.

« A peine arrivé, je prends peur. Dans les rues, nous sommes confrontés aux supporters de Liverpool, dont la plupart sont saouls et agressifs. Ils attaquent des supporters italiens. Aux terrasses des cafés, des gens se battent, s'insultent, sans qu'un seul policier belge n'intervienne. Je discute d'ailleurs avec l'un d'entre eux qui, devant ma colère, me répond : "Ils peuvent se tuer, ce n'est pas mon problème. On m'a demandé d'être là, mais le reste je m'en moque. Je n'ai pas à intervenir."

« Vers 4 heures du matin, nous nous réfugions dans notre voiture. Jean, Claudio et moi, nous partons à l'écart du centre-ville, histoire de décompresser. On essaye de trouver un hôtel et de reprendre espoir, mais je ne suis plus trop content d'être là. Beaucoup moins serein quant au déroulement de la finale. Je parle à mon frère du malaise que je ressens, je ne peux trouver le sommeil, j'ai la trouille.

« Revenus dans le centre de Bruxelles le matin du match, nous revoyons les mêmes scènes. Il fait chaud, très chaud, nous avons du mal à comprendre comment les supporters anglais peuvent boire autant d'alcool. Sous nos yeux, ils vont dans les supermarchés, y achètent des cartons entiers de bières et de whisky. Devant les vitrines des magasins, j'en vois d'autres qui se piquent avec des seringues. Ils sont drogués, pleins d'alcool, haineux, et prennent tranquillement le chemin du stade. Pas un policier ne les arrête, ne leur demande leur billet ou leurs papiers. Le spectacle est hallucinant[4].

4. L'après-midi du match, la vitrine d'une bijouterie est brisée par des hooligans britanniques à l'aide d'une table de café. Ils s'emparent d'un lot de bijoux estimé à 10 millions de francs belges. Un supporter anglais est par ailleurs grièvement blessé après avoir reçu un coup de couteau au cours d'une bagarre avec ses compatriotes.

« A 16 heures, nous arrivons aux portes du Heysel. Face à la tribune Z, au milieu de la queue, nous sympathisons avec une famille venue de Sardaigne. Il y a les deux parents et leur fils Andrea, âgé d'une dizaine d'années. Il commence à s'impatienter, je le rassure, discute longtemps avec lui, car il n'arrête pas de me demander quand on va enfin pouvoir entrer dans le stade.

« A 19 h 7, très exactement, nous pénétrons dans la tribune Z. Au bout de cinq minutes, j'interroge mon frère : comment est-il possible qu'il y ait aussi peu de policiers qui nous séparent des supporters anglais ?

« Les fans de Liverpool viennent à l'instant d'effectuer une première charge et je me retrouve à l'autre bout de la tribune. Bousculé, piétiné, je tremble, je pleure, j'essaie seulement de bien me positionner.

« A 19 h 22, la deuxième charge me balance à terre. Autour de moi, je n'entends que des hurlements. Des gens me marchent dessus, sur le corps, sur la tête, partout. Je hurle, je pense que je vais mourir dans quelques secondes, j'imagine même un cercueil noir. Je perds finalement connaissance pour ne retrouver mes esprits qu'aux environs de 20 h 15.

« A ce moment-là, je suis sur un brancard, installé au milieu de la piste d'athlétisme du Heysel. Un policier belge me parle, me dit que je vais bien alors que je n'arrive pas à comprendre ce qui se passe autour de moi. On m'emmène ensuite dans des tentes où l'on me fait des piqûres. A mes côtés, il y a des corps ensanglantés. Je n'ai aucune nouvelle de mon frère, pas plus de Claudio et de la famille sarde. Je ne sais pas s'ils sont toujours en vie. Aux environs de 21 heures, me semble-t-il, je suis transporté à l'hôpital Saint-Jacques de Bruxelles. J'ai l'étrange sensation d'avoir perdu quelque chose en moi… »

***

Au lendemain de ce qu'on appelle déjà le « drame » du Heysel, Raphaël De Santis est immobilisé sur un lit d'hôpital de la région parisienne. Rapatrié au cours de la nuit par avion sanitaire, il ne prête pas attention à la folie médiatique, aux commentaires convenus. Meurtri dans son âme, dans sa chair, celui qui « a eu la chance de pouvoir s'extirper d'un monticule de cadavres » doit faire face à des vertèbres touchées, tympans crevés, nez et mâchoire écrasés, ainsi que le cerveau touché par manque d'oxygénation.

Pire, Raphaël encaisse dans les heures qui suivent la visite de son frère Jean, blessé à la main, qui n'a d'autre solution que de lui annoncer la mort de leur ami Claudio Zavaroni, étouffé au cours de la bousculade, ainsi que celle du petit Andrea, venu avec ses parents à Bruxelles « pour avoir bien travaillé à l'école ».

Claudio et Andrea, deux Italiens morts d'avoir aimé le football. Assassinés par des hooligans anglais et un sport maudit, dorénavant entaché de sang et de honte.

Hospitalisé pendant des mois, en proie à de chroniques dépressions nerveuses, Raphaël De Santis est, peu de temps après le Heysel, licencié par sa compagnie aérienne, qui ne peut et ne veut plus tolérer ses congés maladie répétés.

Tenant à exorciser le mal et cette douleur perpétuelle qui le ronge, il crée avec son frère l'Association de défense des victimes françaises du Heysel[5]. En mémoire de Jacques François et Claude Robert, deux supporters français morts ce soir-là. En aide aux 400 blessés qui garderont des séquelles permanentes de cette finale de Coupe d'Europe des clubs champions.

*
**

Près de quinze ans après ce « putain de match », l'association de l'espoir ne comporte plus les 300 membres du départ, mais une cinquantaine de personnes avec qui Raphaël forme une véritable famille : « Nous nous rencontrons une ou deux fois par an, mais ça nous suffit. Nos réunions sont chaleureuses. On a plaisir à se voir, à parler de football et du reste. Nous échangeons

5. Association de défense des victimes françaises du Heysel, 11, chemin de la Calèche, 91160 Longjumeau.

nos impressions, nos souvenirs, nos envies. Nous sommes presque tous retournés dans un stade de football depuis la catastrophe. En ce qui me concerne, je suis revenu une ou deux fois au Heysel, ainsi qu'au Parc des Princes. Avec les membres de cette association, nous entretenons la mémoire et voulons plus que tout rester soudés. A vie[6]. »

En guise de dédommagement de la tragédie du Heysel, Raphaël De Santis a perçu 232 000 francs français. Moins que la somme demandée à l'origine, mais beaucoup plus que les 68 000 francs récupérés par l'avocat Me Lombard. « Pendant longtemps, ce petit monsieur ne m'a rien demandé. Il me répétait sans cesse que cette affaire lui faisait une énorme publicité sur le plan médiatique. Lorsque j'ai touché mon argent, des années après la catastrophe, Me Lombard s'est servi directement sur le compte bancaire où avait été déposée la somme versée pour les victimes. Il ne m'a même pas prévenu, je n'ai eu de sa part aucune nouvelle. Seule certitude, ses honoraires s'évaluaient aux environs de 70 000 francs. »

Longtemps après « ce putain de match », Raphaël De Santis n'est toujours pas le confident de Michel Platini, pas même une vague relation.

6. Raphaël De Santis est retourné à Bruxelles pour le procès des hooligans, ainsi qu'au Heysel pour les besoins d'une émission de télévision.

Supporter par lucidité, blessé par fatalité, il pleure encore en évoquant la finale de la Coupe d'Europe des clubs champions, qui tourmente sans cesse ses nuits. Un soir de mai 1985, le culte d'un joueur de football, la passion d'une équipe et le stade du Heysel ont marqué la vie d'un supporter français. « Ça n'a plus jamais été pareil. Ni professionnellement, ni humainement. Oui, il n'y a aucun doute, le Heysel a bel et bien tué ma vie. »

CHAPITRE 5

Pseudo-responsables futurs coupables

Pauvres d'eux, ils ne perçoivent rien du mal qui les entoure. Accoutumés aux tribunes d'honneur et à leurs sièges réservés, au clinquant des coupes de champagne et aux affriolants petits-fours d'avant-match, tous découvrent brutalement l'horreur. La haine, le sang et la mort, à moins d'une centaine de mètres de leur tour d'ivoire.

Eux, ce sont les pontes du football européen : une corporation d'ignorants qui, faute du plus petit détour au cœur des tribunes populaires, n'ont que leurs yeux pour pleurer. Leur bouche et leur salive pour débiter des propos aussi consternants que convenus.

Dans la foulée de Margaret Thatcher qui, le lendemain du Heysel, a, paraît-il « honte d'être anglaise », nos chers dirigeants ondoient au gré des micros bienveillants. Ils escomptent un journaliste à l'âme charitable muni si possible d'un crayon ou d'une caméra afin d'exprimer le profond désarroi et l'infinie tristesse qui les habitent.

Président de l'Union européenne de football association (UEFA), le Français Jacques Georges jure qu'il a été marqué par cette soirée pour le reste de sa vie. « J'ai l'impression qu'en un soir j'ai vieilli de dix ans. Ma place est avec les victimes, auxquelles je ne cesse de penser. Et avec tous ceux qui ont à s'interroger sur ce qui s'est passé : le ministre de l'Intérieur belge, le bourgmestre de Bruxelles et le président de la Fédération. Je jure qu'on ira très loin dans les sanctions, sinon je partirai. »

A ce titre, Jacques Georges exclut le 2 juin, et pour une durée indéterminée, les clubs anglais de toutes compétitions européennes et conteste la prétendue « vétusté » du Heysel. « C'est une erreur. J'ai reçu des lettres du bourgmestre de Bruxelles, selon lesquelles tous les mois le stade est visité par une commission d'hygiène et de sécurité. La Belgique a joué contre la Pologne trois semaines avant la finale Juventus-Liverpool, dans ce stade archicomble. Aucun problème. Depuis, il y a eu le mémorial Van-Damme d'athlétisme. Et les Belges voulaient organiser le barrage de Coupe du monde contre les Pays-Bas au Heysel[1]. »

Le « boss » de l'UEFA, du haut de ses 69 ans bien tassés, prie donc une commission d'enquête de rédiger un rapport complet sur la catastrophe avant de s'entendre répondre dans les jours qui suivent par des experts britanniques que « le stade du Heysel était en ruine. Dans un état déplorable, indigne d'organiser, avec ses barrières métalliques rouillées, une finale de Coupe d'Europe des clubs champions[2]. » Bien vu, Jacques...

***

En France et partout ailleurs, les déclarations stériles abondent : 38 morts, 200 blessés, ça vous remue. Cela entraîne la coutumière « profonde indignation » du ministre délégué à la Jeunesse et aux Sports, Alain Calmat, sportivement plus à l'aise sur des patins qu'au bord d'un terrain.

Plein d'abnégation, le ministre va même jusqu'à s'entretenir « avec un représentant de l'ambassade de Grande-Bretagne afin d'éviter le renouvellement d'une telle tragédie » et tient d'emblée à préciser que « l'association des maires de France sera invitée à développer l'information des maires sur les problèmes de sécu-

1. Propos rapportés dans le quotidien *L'Équipe* et dans l'hebdomadaire *L'Équipe Magazine*.
2. Source : *Sup Mag*.

rité relevant de la compétence des communes »[3]. Quant aux instances du football français, elles délivrent un communiqué des plus époustouflants, demandant « qu'une minute de silence soit observée à l'occasion des rencontres du prochain week-end. Ces circonstances douloureuses incitent la Fédération et la Ligue nationale à mettre en garde une fois encore spectateurs et supporters (NDLA : pour elles, ce n'est déjà plus la même chose) contre les dangers que suscite la violence sous toutes ses formes et les graves conséquences qu'elle entraîne. »

Choquée, la majeure partie des supporters voit au travers du Heysel un événement certes tragique, mais capable d'éradiquer le fléau. Les scènes immondes diffusées à souhait sur l'ensemble des chaînes de télévision[4] se doivent après tout de réveiller les consciences : obliger les clubs à équiper leurs stades de caméras vidéo, séparer les tribunes et demander l'appui des forces de l'ordre lors des matchs considérés « à risques ».

Personne, dans notre pays, ne doit un jour oser écrire les slogans aperçus à Rome, « Merci les

3. *L'Équipe* du 30 mai 1985.

4. Un début de polémique était intervenu au lendemain même du match à propos du choix de TF1 de continuer à diffuser les images de la finale. De nombreux pays, dont l'Allemagne, avaient interrompu leur programme avant même le début de la finale entre la Juventus de Turin et Liverpool.

Reds, Juventus : 1, Liverpool : 36[5] », ou aux Pays-Bas, « Nous pouvons faire mieux qu'au Heysel ». Personne ne doit plus tolérer les prétendus supporters du Paris Saint-Germain que Charles Biétry a la curieuse idée d'interroger au Parc des Princes le 4 juin 1985, lors d'une demi-finale de Coupe de France. Ce soir-là, le journaliste aux motivations cryptées profite d'étroites négociations[6] pour s'introduire à la mi-temps du match PSG-Toulouse dans le Kop de Boulogne. Tel le regretté Philippe de Dieuleveult pourchassant son trésor, l'actuel président du club parisien donne en direct la parole à des crânes rasés qui sont « exclus du système et nationalistes ». Cheveux courts, idées courtes, ils veulent « casser des supporters adverses, du bougnoule, et ne regrettent absolument pas les morts du Heysel ».

⁂

Au lieu d'une rapide mise en place d'un plan anti-hooligans, les adeptes du fair-play et d'un certain football déchantent face à l'impotence des autorités publiques et sportives, trahis qu'ils sont par une kyrielle d'amateurs intimement persuadés

5. Ce nombre est inexact par rapport à la réalité (38 morts).
6. Selon plusieurs membres du Kop de Boulogne présents ce soir-là, il est impensable que Charles Biétry ait pu pénétrer dans la tribune avec autant de facilité. A croire qu'il y avait eu auparavant un accord avec les skinheads du Paris Saint-Germain.

que le drame du Heysel ne peut en aucun cas se reproduire sur notre territoire.

A la fin du mois de juin 1985, c'est tout d'abord l'État français qui se distingue et refuse de prendre part à la signature d'une convention contre le hooliganisme. Mis au point par sept ministres des Sports de la Communauté européenne, le texte prévoit diverses mesures dont les plus significatives sont la séparation des supporters, l'efficacité du service d'ordre, la présence suffisante de forces de police et des sanctions appropriées pour les fauteurs de troubles. Seul point de divergence : l'interdiction de la vente d'alcool à l'intérieur des stades.

Sous la pression de puissants lobbys, très actifs en ce domaine, la France ne signe pas la convention et juge ses enceintes footballistiques performantes au niveau de la sécurité[7]. Scandaleuse, irresponsable, l'attitude du gouvernement français est indirectement corroborée par Roland Chatard, chargé à l'époque des problèmes de sécurité à la Fédération française de football.

« Quelques jours après le Heysel, la Fédération internationale décide de nommer un Monsieur Sécurité pour chaque pays affilié à la FIFA. Comme je travaille déjà à la FFF en tant que pré-

7. Il faudra attendre le 17 mars 1987, soit deux ans après le Heysel, pour que la France se décide enfin à ratifier la convention « anti-hooligans » du Conseil de l'Europe.

sident de la Commission information et promotion, j'accepte de prendre bénévolement en charge la sécurité. Avec l'aide d'un groupe de travail, nous proposons une série de recommandations. Sont ainsi évoqués la vidéosurveillance, un poste de commandement de police, des places assises et, j'insiste sur ce point, la séparation effective des supporters dans les stades. Ce ne sont malheureusement que des recommandations, pas des instructions. Nous ne pouvions rien imposer à qui que ce soit.

« En France, les stades n'appartiennent pas aux clubs, mais plus généralement aux villes, ce qui prend beaucoup plus de temps pour les démarches administratives. Malgré le traumatisme qu'a engendré le Heysel, je dois bien avouer que nous n'avions aucun moyen. Juste des conseils que personne, faute d'argent et d'une indiscutable volonté politique, n'a voulu appliquer. A l'époque, la sécurité dans les stades, c'était l'âge de pierre. »

L'âge de pierre ? Peut-être.

Il n'empêche qu'une hypocrisie maladive règne dans le cercle restreint du football français. Alors que rien n'est fait au Paris Saint-Germain, ni par ses dirigeants ni par d'autres, pour nettoyer la tribune Boulogne, comment s'étonner qu'une bande de hooligans néonazis mette à sac plusieurs stades de l'Hexagone au cours de l'été 1985 ? Que ces fous furieux, en toute liberté et totale impunité, détruisent des installations au stade Francis-Le Basser de Laval, à l'Abbé-Deschamps à Auxerre ou au stade du Ray à Nice, en laissant pour seules inscriptions des croix gammées et des slogans tout aussi explicites que « Hitler est notre maître », « Vive les casseurs » ou « Les hooligans sont passés par là » ?

Alors qu'en France les supporters ne sont ni fichés ni cartés, comment se fait-il que l'Association des amis du PSG dépose plainte contre X à la suite d'exactions commises par des individus qu'ils aperçoivent tous les quinze jours au Parc des Princes ?

Les « Amis du PSG » ont beau souligner dans un communiqué de presse que « les auteurs de ces actes ne sauraient être des membres de l'Association » – encore heureux –, ils mentent lorsqu'ils affirment que « les billets pour les matchs à l'extérieur sont délivrés à des supporters contrôlés ».

Puisque les forces de police ne prennent pas systématiquement le chemin des stades, comment s'indigner lorsque des incidents surviennent à la fin des rencontres ?

Puisque les tribunes ne sont pas séparées et que les supporters prennent peur, comment regretter dans le même temps la significative désaffection du public ?

⁂

Indigentes, les composantes du football français laissent ainsi la violence se ritualiser. Avec des stades mal équipés, où aucune tribune ne leur est réservée, passionnés de tous clubs éprouvent les pires difficultés à effectuer un déplacement sans encombre. Voitures, mini-bus, cars, trains et supporters prennent parfois le chemin du retour dans un état déplorable.

Le 10 juin 1987, Marseillais et Bordelais disputent, armes au poing, leur propre finale de Coupe de France aux abords de la porte de Saint-Cloud. En avril 1988, les supporters parisiens et nantais en décousent, couteaux et tenailles à la main. A Nice, ce sont des Cannois qui voient leur car bombardé par une bande de voyous. A Bordeaux, plus tard, des supporters locaux jettent des pierres sur le car de Parisiens soumis aux bris de vitres et à un arrêt brutal sur l'autoroute.

Face aux surexcités qu'on laisse pénétrer dans nos enceintes, les joueurs professionnels n'échappent pas au fléau. Ceux de l'Olympique de Marseille sont attaqués, le 26 septembre 1987, à la sortie de leurs vestiaires par des supporters phocéens déjà versatiles. Les joueurs du Paris Saint-Germain, le 23 juillet 1989, doivent de leur côté descendre du car qui les emmène à l'aéroport de Nice pour jouer des poings contre des adolescents qui avaient jugé bon de les harceler sur l'autoroute. A Cannes, le gardien Gilles Morisseau s'écroule après avoir reçu en cours de match une plaque de fonte de un centimètre d'épaisseur en pleine figure. Quant aux déplacements en Corse, ou dans certains stades du sud de la France, ils sont pour certaines équipes aussi longs que dangereux.

Gardien de but des Girondins de Bordeaux, Dominique Dropsy confie à ce sujet sa profonde angoisse au quotidien *Le Sport* le 25 novembre 1987 : « On voit dans tous les stades des petits groupes de supporters haineux. A longueur de match, on reçoit n'importe quoi sur la tête et on entend des trucs incroyables que je n'oserais même pas répéter. Je n'avais encore jamais vu une telle haine et, quand on se retourne vers ces dingues, cela donne à réfléchir. Nous sommes des pères de famille, on ne va tout de même pas finir par ne pas rentrer chez soi ou terminer à l'hôpital. Il faut étudier des mesures pour freiner cette évolution. »

⁂

Faute d'une nécessaire prise de conscience et de mesures significatives, il est impossible, en cette fin des années 80, d'associer plaisir et football, de se rendre au stade sans peur et sans reproche, de rentrer chez soi sans policiers, bandages ou points de suture.

Dans un même élan d'agacement, le journaliste Jean-Philippe Leclaire et le supporter Francis Richez renvoient les dirigeants français devant leurs évidentes négligences.

« Ils ont une énorme responsabilité. Les pouvoirs publics, la Ligue et la Fédération ont failli, car ils n'ont pas répondu à l'attente et jamais fait quoi que ce soit. Ce sont sans doute les seuls à ne pas avoir été profondément marqués par le Heysel, par ces scènes immondes qui nous ont tant choqués. A leurs yeux, la Belgique devait être une autre planète, ils estimaient à tort que seuls les supporters anglais étaient violents et qu'en France nous n'aurions jamais de tels individus. Il fallait pourtant déjà s'interroger, réagir. A commencer par les clubs, qui se sont refusés à entamer le dialogue avec les supporters et qui, surtout, n'ont pas entrepris de démarches sécuritaires en raison de coûts financiers élevés. Un match à Félix-Bollaert avec 40 000 spectateurs représente au minimum 500 000 francs et, à cette époque, on voulait éviter ce genre de dépense. C'est triste à dire, mais le vrai problème, en France, c'est que l'on attend toujours les drames pour prendre la moindre initiative. »

Tout vient à point à qui sait attendre…

CHAPITRE 6

Un mur d'incompréhension

Plutôt complexe de partager les mêmes valeurs quand on ne vient pas du même monde ! Enfance heureuse, réussite remarquée, ils sont pour la plupart notables, industriels, mécènes et forts en gueule. N'ont d'intérêt que pour leurs joueurs, leurs finances et trop souvent leur ego.

Étouffés par ces prétendues responsabilités, les présidents de clubs n'ont guère le temps et encore moins l'envie de cadrer les projets de quelques jeunes dont ils ne connaissent rien. Des étudiants, des chômeurs ou de simples travailleurs, des petits gars bien d'chez nous pour qui les tribunes sont devenues une forme d'expression, une façon de vivre.

Entre ceux qui dirigent et ceux qui supportent, le courant ne passe pas, le fossé est grand. Tout président qui se respecte se calfeutre dans certaines idées reçues, dans une douce et vague nostalgie où les braves et fidèles supporters de l'époque n'avaient que peu d'exigences.

Adoubés, les « mastres[1] » d'antan se réunissaient en associations « officielles », se maquillaient, mettaient des perruques et brandissaient les drapeaux. C'était un monde parfait, un football sain et des supporters idylliques.

⁂

Seulement voilà, les temps changent et les tribunes bougent. Au début des années 90, ils sont des milliers à attendre autre chose. Pétris de valeurs, imbibés de solidarité et de fidélité, les supporters négligent les certitudes de la vie pour s'identifier, faute de mieux, à une ville, un club ou à ses joueurs. Du Lille Olympique Sporting Club à l'Olympique de Marseille, des Girondins de Bordeaux au Racing Club de Strasbourg, tous réclament plus de passion, plus de ferveur. Davantage de moyens : des banderoles, des fumigènes et des mégaphones, histoire de donner une âme à leur stade, une énergie supplémentaire à leur équipe.

Un froid dimanche matin de décrassage au stade Geoffroy-Guichard, un supporter forézien

1. Surnom donné aux supporters d'un temps révolu. Ni hools ni ultras, les mastres affichent ouvertement leurs couleurs. Ils ont un comportement et un look que ne partagent pas les supporters d'aujourd'hui.

et le président de l'Association sportive de Saint-Étienne illustrent à merveille l'énorme fossé qui les sépare, ces deux générations que rien ne saurait rassembler.

Passionné, excessif et volontiers critique, l'« accro » des Verts ne tolère pas ce jour-là les propos d'André Laurent, qui lui assène que « lorsqu'on vient au stade, on paye sa place et on ferme sa gueule ».

Du haut de ses 19 ans, Jean-Christophe Bel n'entend plus « fermer sa gueule ». Il en a « ras-le-bol de l'ambiance qui règne dans le Kop Nord. De ces faibles supporters de Saint-Étienne qui se laissent constamment marcher sur les pieds et qui détalent comme des lapins devant les charges répétées des fans adverses. » J-C – ainsi l'appellent ses proches – souhaite « créer une nouvelle identité. Faire bouger le stade tout entier. Avoir un public plus réceptif, plus dur. Donner à tous ceux qui le désirent la possibilité d'entrer dans un groupe de supporters. » Il veut par-dessus tout établir une première scission dans l'enfer vert entre un fan club gentil mais incolore, des Fighters repliés sur eux-mêmes, et ses Magic Fans, qui viennent de voir le jour.

Ce « gaga[2] » au comportement atypique sait

2. Surnom attribué aux habitants de Saint-Étienne, comme les « Gones » pour ceux de Lyon. Ce matin de décrassage, Jean-Christophe Bel avait failli agresser physiquement le président stéphanois, André Laurent.

toutefois que l'indépendance a un prix, un lourd tribut qui demande patience, dévouement et courage, comme ont dû en faire preuve avant lui d'autres apôtres d'un irrécusable idéal. Jean-Christophe Bel a ainsi en mémoire les insolubles problèmes qu'ont rencontrés au début de leur existence les Ultras marseillais, les Ultramarines bordelais ou les Boulogne Boys du Paris Saint-Germain.

Si les Ultras de l'OM, créés en 1984 sous la présidence de Jean Carrieu[3], se sont voulus par la suite indépendants du club phocéen et de son égotiste président Bernard Tapie, les plus chauds partisans des Girondins étaient quant à eux victimes de la haine viscérale de Claude Bez[4].

Bien avant que les magouilles du despote bordelais soient connues de tous, et qu'il termine son aventure footballistique derrière les barreaux, le moustachu Aquitain vouait une sincère acrimonie à tous ceux qu'il qualifiait de « voyous et de bêtes nuisibles » dans une interview accordée au quoti-

3. Jean Carrieu dirigea l'Olympique de Marseille de 1982 à 1986, avant que Bernard Tapie en prenne la présidence. Il s'est suicidé dans de mystérieuses conditions au cours de l'année 1987.

4. Claude Bez et son homme de main Didier Couécou avaient tout fait pour chasser du stade Lescure les Ultramarines bordelais. Aucune subvention, interdiction de banderole, contrôle policier, rien n'avait été épargné à ces supporters au comportement pourtant beaucoup plus louable que celui du président Bez.

dien *Sud-Ouest*[5] : « Il faut mener contre eux une chasse impitoyable. Quand l'emblème de ses supporters devient un emblème de guerre, quand un virage dit populaire se remplit de petits terroristes, de barjots, d'ivrognes, moi, je ne marche plus. D'ailleurs, si un jour il le fallait, je fermerais le Virage Sud ! (...) Nous les connaissons bien et nous sommes décidés à tout mettre en œuvre pour les dissuader de venir au stade pour étancher leurs instincts belliqueux. Je le répète, à lui seul, le terme d'Ultramarines me hérisse. C'est inacceptable. Le club, ne l'oublions pas, a aussi une importante vocation éducative. »

⁂

Vociférations de bas niveau, l'intervention du président stéphanois et la diatribe de son homologue bordelais montrent à elles seules la totale incompréhension qui existe entre présidents et ultras, entre des gens qui, décidément, ne partagent pas les mêmes conceptions pour faire gagner une équipe.

« Il est difficile d'avoir de bons rapports avec les dirigeants, ces gens-là ne comprennent rien, rétorque le cinglant Bel. Quand le groupe des Magic Fans est né, en juillet 1991, on nous a aussitôt catalogués comme des fauteurs de troubles à

5. Interview reprise dans le livre de Philippe Broussard *Génération supporter*.

cause de nos blousons orange. Sans nous écouter, sans même nous recevoir, le club ne voulait plus entretenir de rapports avec nous. Lorsque par la suite nos membres ont été pris à partie à Cannes et à Montpellier, le club nous a alors reproché de nous être défendus. Aux yeux de l'ASSE, nous n'étions que de vulgaires voyous qui ternissaient la bonne image du public stéphanois. Le contact était mort dès la naissance du groupe. En réalité, dans leur grande majorité, les présidents de clubs considèrent leurs supporters comme des cas sociaux, des abrutis pour qui la vie n'a aucun sens. Ils n'ont pas la même philosophie que nous, car ils n'ont jamais mis les pieds dans nos tribunes. Ils ne savent pas ce que représente vraiment le football à nos yeux, ne partagent en rien notre amour du club, notre fierté de représenter une ville. Il n'y a donc aucune compréhension, ils sont en haut de la pyramide et tiennent à le rester. Hors de question pour eux de regarder un seul instant plus bas, là où nous sommes. Il suffit par exemple de regarder ce qui se passe à Lens, l'un des rares clubs français qui ne souffre pas de problèmes dans ses tribunes. Là-bas, les dirigeants ont toujours été attentifs aux supporters, ils ont tenté de comprendre leurs choix. Il n'y a pas de secret pour obtenir une bonne entente, c'est seulement une question de mentalité. »

A l'exception notoire du Racing Club de Lens, pour lequel d'étroites relations avec les supporters sont un début de respect, l'inexorable divorce touche la majorité des clubs français. Peu importe que la société change et que le phénomène ultras grandisse, les présidents campent sur leurs positions, décidés à faire plier la partie adverse.

Plutôt que de s'écouter, se comprendre et résoudre enfin l'épineux problème de la violence, les cadres de nos clubs ignorent la fidélité des supporters, leur débrouillardise, leur autofinancement et leurs déplacements en car, pour ne se délecter que des ratés : les chants déplacés, les bagarres ou les pillages de stations-services.

Directeur de publication du regretté mensuel *Sup Mag*[6], Francis Goutal écrit à ce propos que « l'ensemble des dirigeants français tente à cette époque de discréditer les associations d'ultras. Ils récupèrent et exploitent les quelques brebis galeuses qui composent les groupes. Habilement, ils déclenchent une campagne de propagande avec certains médias avides de sensations. Quelques échauffourées leur permettent de faire l'amalgame entre ultras, skins et hooligans. Le grand public a alors une version, somme toute facile, où l'on retrouve une dramatisation des incidents sur les stades. L'exemple de la tribune

6. Exclusivement consacré au monde des supporters, le magazine *Sup Mag* a interrompu sa parution de façon brutale. Seul problème, l'arrêt du journal fut décidé sans en avertir les lecteurs. Certains d'entre eux venaient à peine d'envoyer leur chèque d'abonnement.

Boulogne du Paris Saint-Germain en est la preuve. A cette période, tous les supporters parisiens sont considérés comme des fachos, des voyous et des violents. Le magazine de TF1, *52 sur la Une*, est la concrétisation de cette propagande. Comment un club aussi prestigieux que la PSG peut-il ne pas réagir devant un reportage aussi pernicieux ? »

***

Souvent ignorée, parfois méprisée, une nouvelle vague baptisée ultras se complaît dès lors dans ses propres certitudes. Bréviaire en main, ces supporters des temps modernes se persuadent d'être les seuls à avoir une culture footballistique. Les seuls à vénérer une équipe, à la défendre et à l'encourager tout au long de la saison. « La grande faute des clubs, reprend Francis Richez, c'est d'avoir refusé tout dialogue avec leurs plus « chauds » supporters. Il suffisait simplement de connaître les éléments perturbateurs pour ensuite leur interdire tout déplacement. Au lieu de ça, les dirigeants ont laissé la situation pourrir, les relations se sont dégradées, année après année, et on a même fini par trouver dans les stades des gens fichés aux Renseignements généraux. Le Paris Saint-Germain a beau raconter ce qu'il veut, ce club était au départ en mesure d'interdire les déplacements officiels à ses plus dangereux supporters. Ces derniers ont ensuite voyagé en indépendants, et il ne fallait plus s'étonner des troubles. Le PSG leur avait mis le pied à l'étrier. »

Parus dans *Sup Mag*, les propos de centaines de supporters sont édifiants. A Montpellier, on parle d'« indifférence totale avec nos dirigeants alors que nous payons nos places, que nous organisons des spectacles et que nous défendons l'identité de notre équipe, de notre ville et de notre région ». En provenance d'Avignon, un supporter de l'Olympique de Marseille évoque une forme de dictature. « Il faut se conduire comme des bœufs et surtout ne pas les déranger. Ils sont intouchables, leur conduite est, paraît-il, exemplaire. Ce ne sont en réalité que des magouilles, des mensonges et de l'hypocrisie. »

C'est enfin un Parisien qui se compare à « un zombie car, après tout, c'est ce que nous sommes pour la plupart des dirigeants. Lorsqu'ils nous voient avec nos écharpes, nos foulards et notre attirail, ils nous prennent pour des tarés. Nous sommes des passionnés, eux, non. »

Les uns sont présidents, les autres sont supporters. A l'origine, ils défendent le même club, la même ville, les mêmes couleurs. A l'arrivée, ils ne font pourtant plus partie de la même famille. Vous avez dit bizarre ?

CHAPITRE 7

Une fédération, une Coupe, dix-sept morts

On a coutume de la présenter comme l'épreuve reine. Vénérable et vénéré trophée courtisé par les dirigeants, prisé des joueurs. Objet de tous les désirs pour des supporters trop heureux d'oublier la relative monotonie du championnat. Dans tous les clubs, à tous les âges, on aime la Coupe de France. Des Dom-Tom à la métropole, on la respecte, on la chérit pour ses équipes de bas niveau et ses joueurs inconnus, pour son tirage au sort et le charme inégalé de ses rencontres à l'issue incertaine.

La Coupe est unique, insolite épreuve où de belles sagas s'écrivent, où des héros surgissent de nulle part. Chaque année, c'est la même rengaine, le même espoir, le même slogan, crié avec force et conviction du tréfonds des tribunes.

Qu'ils jouent en bleu, en rouge, en jaune ou en vert, c'est une évidence, « ils vont aller à Paris » : au Parc des Princes à l'heure du dîner, au *Lido* pour le digestif, sur les Champs-Élysées, coupe à la main et bulles à la bouche, alors que Paris s'éveille et que personne n'a sommeil. Les joueurs seront alors fatigués, épuisés, pas rasés, les yeux rouges de bonheur, comme l'exige l'immuable tradition.

C'est ça, la Coupe de France, tout ça. Un attrayant cocktail de rêve et d'ambition, d'espoir et de démesure.

⁂

Marquée par l'élimination précoce de l'Olympique de Marseille en Coupe d'Europe, dès les huitièmes de finale face au Sparta de Prague, la saison 1991-1992 et sa soixante-quinzième édition de la Coupe confirment ce fol espoir qu'entretiennent parieurs et amateurs de sensations fortes, les exploits de clubs contraints à l'anonymat, l'« ogre », le « petit poucet » et la « cendrillon », inusables clichés tombés dans le domaine public.

Au cœur de l'hiver, sur des pelouses gelées et parfois impraticables, la légende de Dame Coupe se perpétue. A merveille. De modestes formations s'accaparent les gros titres de l'actualité. Noisyle-Sec, équipe de banlieue parisienne, s'offre au huitième tour le nettement plus huppé Racing Club de Strasbourg.

Réputée jusque-là pour son maire atypique, son rugby et son basket, la ville de Pau se découvre un club et onze footballeurs qui noient d'inoffensifs crocodiles nîmois. Le Football Club de Bourges s'offre quant à lui un coup de jeune chez le plus vieux de la première division, Le Havre Athletic Club. Volontiers indépendante, la Corse se rattache à la France et à sa Coupe avec les succès significatifs d'Ajaccio, qui sort le Sporting Club de Toulon et l'AS Saint-Étienne, et du Sporting Club de Bastia, qui se débarrasse de Toulouse. Victor Zvunka, l'entraîneur du TFC, ne goûte que très modérément aux délices de l'épreuve. Furieux, il ne digère pas l'élimination de ses hommes qui « ressemblaient à des morts vivants sur le terrain. Pourtant, ce n'était pas Furiani, aujourd'hui. Il n'y a rien eu. C'était un public bon enfant. Il y a dix ans, à l'échauffement, on aurait pris des cailloux sur la tête[1]. »

A défaut de cailloux, plusieurs incidents sont recensés ici ou là. Coupe de France, championnat, la violence n'affiche pas ses préférences et c'est à Cannes que les hostilités débutent. Une erreur d'arbitrage, une de plus, lors du huitième de finale Cannes-Montpellier, pousse les supporters

1. Propos rapportés dans *Le Livre d'or du football 1992*.

des deux camps sur le terrain. Jets de pierre, fumigènes et barres métalliques, qualification et terrain suspendus sont, après bien des palabres, portés au débit des joueurs de l'Association sportive de Cannes.

Le stade Mezzavia d'Ajaccio connaît un spectacle similaire avec des sorties de vestiaires houleuses, entachées d'insultes, de crachats et de menaces, sans qu'aucune sanction n'intervienne[2]. Direction Nice, enfin, où la Coupe de France fait sa première incursion au chapitre « faits divers ». Débarqués en voisins et en nombre, les supporters de Bastia transforment le stade du Ray en une insolite île de beauté. Sièges arrachés, bagarres et arrestations, rien n'arrête les insulaires insoumis, jusqu'à ce qu'une bombe agricole explose avant le début de la rencontre et blesse un joueur de l'OGC Nice. Bastia passe, mais Furiani trépasse : interdiction pour les Corses de disputer leur quart de finale dans leur antre, ainsi en ont décidé les sérieux et encore crédibles membres de la commission de la Coupe de France.

Croix de bois, croix de fer, s'ils mentent, ils iront en enfer…

*
**

2. Présents dans le stade d'Ajaccio, des supporters stéphanois furent molestés pendant la rencontre. Scénario quasi identique pour les joueurs foréziens, insultés à la sortie des vestiaires.

Au stade des quarts de finale, curieusement épargnée, la Coupe de France bouscule les esprits. Son prestige dérange les raisons, obstrue les subconscients. Plus que cent quatre-vingts minutes avant la capitale, deux petits matchs pour l'effervescence, les sunlights du Parc des Princes et la traditionnelle poignée de main présidentielle.

L'édition 1991-1992 ne déroge pas à la règle : les joueurs des huit équipes qualifiées se languissent du tirage au sort et de l'adversaire. Les supporters, eux, évoquent de malicieuses hypothèses afin de se procurer des billets. Au fond, il n'y a que les dirigeants pour ne pas s'attarder sur le seul côté sportif d'un tel événement. Trop bête, en effet, de ne pas profiter financièrement d'un quart de finale. Au nom du fric, au nom d'un budget qu'il est indispensable d'équilibrer, remplir les tribunes fait figure de premier objectif, d'impérieuse nécessité.

A Caen, on encaisse donc les chèques, les Cartes bleues et l'argent liquide. Le confort, la sécurité, les responsables du stade Malherbe de Caen s'en passent. Depuis des années. Peu importe que le stade de Venoix soit vétuste et inconfortable et que ses habitués, devenus protéiformes, ne profitent guère du spectacle. Marseille, son Nanard, ses stars et son récent titre de champion de France arrivent en Normandie, et Venoix fait le plein. Une fois de plus. Si la défaite est lourde, les caisses sont pleines. Tant mieux.

En Corse, à Ajaccio, on ne souffre pas davantage de quitter la Coupe de France le cœur gros mais les poches pleines. Un revers sans discussion face à l'Association sportive de Monaco, mais aucun regret pour le directeur sportif du club qui se félicite que « ce match a[it] été utile pour l'avenir. Nous pourrons ainsi garder les deux nouvelles tribunes latérales construites pour la circonstance[3]. » Oui, ce monsieur parle bien de « tribunes construites pour la circonstance ».

Non loin de là, le stade Armand-Césari de Furiani est en plein chantier. Curieux, très curieux même, pour une enceinte suspendue quelques jours auparavant. A la Fédération française de football, personne n'est encore en enfer, mais tout le monde a déjà menti. Sans remords, sans fierté, les rebouteux de l'avenue d'Iéna s'inclinent face à l'argumentaire convaincant du président bastiais, Jean-François Filippi. Des pleurs, des craintes, la persécution du Corse et d'hypothétiques menaces font sans doute le reste : la suspension est levée.

C'est à Bastia, et nulle part ailleurs, que le SECB accueille l'AS Nancy-Lorraine en quarts de finale de la Coupe de France. A domicile, dans l'enfer de Furiani. Dans ce qui se prétend un stade et qui n'est qu'une épave, un endroit aussi mysté-

3. Propos rapportés dans *Le Livre d'or du football 1992*.

rieux que morbide, indigne d'accueillir un match, même de football.

Manque d'argent, détachement des politiques, cette parcelle de terrain propose depuis des années un spectacle pathétique. Les barbelés s'y côtoient, les tribunes, défoncées, sont d'un autre temps et la seule voie d'accès est un vague chemin de terre poussiéreux. Délabré, désuet, Furiani, flanqué de sa mythique voie de chemin de fer, conserve pourtant son âme, son histoire. Sa légende. Les insulaires refusent de jouer ailleurs, et ce malgré un projet de stade adopté par la direction départementale de la Jeunesse et des Sports de Haute-Corse. Le futur complexe de Volpajo, enceinte de 15 000 places, est d'ailleurs inscrit dans le plan régional d'équipement établi en 1987 par le ministre de l'époque, Christian Bergelin…

Contre Nancy, en attendant Volpajo, c'est à Armand-Césari que les demandes de billets affluent. Le président Filippi et ses acolytes parent alors au plus pressé, construisent en toute hâte deux tribunes en structures tubulaires montées derrière les buts. Au risque de leur vie, ils sont 9 000 ce soir-là à célébrer la qualification des leurs. Héroïque, le gardien Bruno Valencony propulse le Sporting en demi-finale de la Coupe de France. La Corse tout entière rêve de grandeur retrouvée et ne parle que de football.

*
**

Dans les heures qui suivent le tirage au sort effectué par le présentateur du journal de TF1, Patrick Poivre d'Arvor, Bastiais et Marseillais s'attellent aux préparatifs de la demi-finale attendue le 5 mai 1992. Tout en déclarant au journal *La Corse* que « le club ne peut encourir une nouvelle fois les risques qui ont plané sur la sécurité du public contre Nancy, car, si tout s'est bien passé, c'est un miracle », le président Filippi n'a qu'une seule idée en tête : raser la vieille tribune Claude-Papi et construire en quelques jours une autre tribune latérale en tubulaires susceptible d'accueillir 10 000 personnes.

A ce titre, il contacte tout d'abord une entreprise bordelaise, Space, qui heureusement juge « le délai octroyé beaucoup trop court pour réaliser correctement ce marché ». En dernier ressort, Jean-François Filippi s'adresse à Sud-Tribunes, société agréée par la Fédération française de football et installée à Nice, qui elle accepte de relever l'audacieux pari. Dix jours avant sa demi-finale, le stade Furiani reprend ses chantiers.

L'incroyable engouement suscité par la rencontre n'est à cet instant perceptible qu'en Corse. A Paris et à Marseille, ils sont quelques-uns à remettre purement et simplement en cause l'organisation du match. De son bureau de la Fédération, Roland Chatard s'insurge qu'on ne tienne pas compte des décisions de la commission de sécurité de la Coupe de France. « Le terrain de

Furiani est pourtant suspendu. Une fois de plus, à la suite d'incidents survenus lors du championnat de France. Si on applique le règlement à la lettre, le match contre l'Olympique de Marseille ne doit en aucun cas se dérouler à Bastia. Mais on assiste à toutes sortes de pressions provenant de tous les niveaux et la Fédération fait mine d'oublier. »

A Marseille, Patrick Daumas partage le même état d'esprit. Responsable de la sécurité, de l'accueil et des déplacements des supporters marseillais, Daumas s'irrite de « l'installation répétée de tribunes praticables. Il est utile de rappeler que la demi-finale Bastia-Marseille n'est pas la première rencontre de Coupe de France cette saison-là à se jouer dans de telles conditions. Auparavant, on avait installé des tribunes à Saint-Omer pour la venue de Monaco. Si mes souvenirs sont bons, le matériel avait été installé en moins d'une semaine. Quant au nombre de places assises, il avait été multiplié par sept. A Ajaccio, lors du quart de finale contre Monaco, même procédé. Enfin, à Istres, pour le déplacement de l'Olympique de Marseille auquel j'assiste, le stade Bardin passe en quinze jours d'une capacité de 4 000 à 13 400 places. Heureusement, on avait cette fois prêté plus d'attention à la sécurité, et il n'y avait eu que 11 000 personnes dans le stade. J'insiste pour dire que tous ces matchs laissaient place à des conditions de sécurité ahurissantes. C'était indigne pour le déplacement des nombreux supporters en général et ceux de l'Olympique de Marseille en particulier. »

*
**

Bastia, mardi 5 mai 1992, 19 heures. Dans la chaleur étouffante d'une belle fin d'après-midi corse, les supporters marseillais pénètrent dans un stade Furiani aux allures de volcan. Match de semaine oblige, ils ne sont qu'une vingtaine à venir défendre la suprématie de Jean-Pierre Papin et de ses partenaires. Perdus au milieu de Corses hystériques, les fans de l'Olympique de Marseille sont aussitôt insultés. Ils reçoivent en guise de bienvenue bouteilles et projectiles en tout genre.

Abonné du Virage Nord au Stade Vélodrome, Christian Cataldo ressent ce jour-là « la peur de [sa] vie. Jamais, je dis bien jamais, je n'ai effectué un déplacement dans de telles conditions. Lorsque nous entrons dans la tribune, nous ne sommes absolument pas protégés, il n'y a pas un seul CRS pour nous escorter. On se fait insulter, taper et cracher dessus. Proche de moi, un supporter marseillais prend un fumigène en pleine tête. Je suis tétanisé, mort de trouille et me demande comment je vais pouvoir faire pour me sortir indemne de cet enfer. »

A 20 heures, les joueurs s'échauffent. Une tribune bouge. Ils sont 18 000 à s'entasser et chanter au son des instruments traditionnels,

18 000 supporters qui déploient les banderoles et hurlent leur amour du Sporting Club de Bastia. A l'abri des regards et des encouragements, de très rares chanceux bénéficient de conseils avisés. Ce n'est pas encore une information, mais déjà plus un secret : la tribune Claude-Papi ressemble à un château de cartes.

Deux heures avant le début de la rencontre, un spectateur est blessé au cuir chevelu par une tôle qui vient de se détacher de la tribune : quinze points de suture. Un policier prévient un photographe de « ne pas passer sous la tribune, c'est dangereux ». Un organisateur entre au même moment dans le laboratoire des photographes de presse et affirme « que la tribune commence à s'écarter ». Un CRS alerte un autre spectateur de ne pas rester dans la maudite tribune, « elle va s'écrouler, monsieur[4] ». Sans doute averti, le speaker officiel lance un premier appel au public bastiais pour demander à ceux qui « sont installés sur la tribune provisoire de ne pas taper des pieds »...

A 20 h 20, pour son inauguration, la tribune Claude-Papi n'est plus, la partie supérieure vient à peine de s'écrouler. Les minutes passent et Furiani ne résonne plus que de cris, de hurlements, de bruits assourdissants d'hélicoptères. Dissémi-

4. Propos rapportés dans l'hebdomadaire *France-Football*, le 12 mai 1992.

nés aux quatre coins d'une pelouse entachée de sang, joueurs, dirigeants et supporters des deux équipes vivent un « cauchemar ». Ils tentent du mieux qu'ils peuvent de réconforter les centaines de blessés. A côté d'hommes, de femmes, d'enfants qui ne marcheront plus et qui garderont à vie diverses séquelles, Jean-Pierre Papin, Bernard Casoni, Franck Sauzée et le gardien corse de l'Olympique de Marseille, Pascal Olmeta, offrent leurs paroles et leur présence en guise de réconfort. Bernard Tapie propose des avions, Robert Vigouroux, maire de Marseille, prend contact avec la Marine nationale et déclenche des secours avant d'installer à la Timone et dans les autres hôpitaux marseillais des équipes médicales actives.

⁂

Loin, très loin des caméras et du choc national que provoquent les images de TF1, ils sont dix-sept à nous avoir quittés. Dix-sept morts, non pas victimes de leur passion, mais de l'inconscience de soi-disant êtres humains. Dix-sept personnes assimilées à de la viande. Dix-sept amoureux du football que la Fédération française de football, des responsables de Sud-Tribunes, des dirigeants et des élus corses n'ont pas préservés du pire[5].

5. Cinq jours après la catastrophe, on dénombrait 13 morts. Ce n'est que plus tard que la tragédie de Furiani comptait 17 victimes.

Lâches, ces hommes justement mitraillés par des rafales de discrédit n'ont cessé de se déculpabiliser dans les heures qui suivirent. Palme de la honte, du déshonneur et de l'indécence à la FFF et à son président Fournet-Fayard. Malgré son accord donné pour que Furiani passe de 8 800 à 18 000 places, Fayard, qui mériterait bien un juge, soutient à longueur d'interviews qu'il avait pris « toutes les précautions nécessaires. J'ai reçu de la société installatrice tous les détails de l'installation et je me suis entouré d'un maximum de garanties. Je ne suis pas du genre à quitter le navire dans la tempête. »

Après quatre jours de mensonges et de propos incohérents, la Fédération décide de publier un communiqué : « En raison d'une information judiciaire, la Fédération et son président s'abstiendront de tous commentaires publics relatifs aux faits ou à leurs conséquences, réservant ceux-ci aux autorités désignées. » Il était temps...

Président du Sporting Club de Bastia, Jean-François Filippi ose affirmer le soir même du drame que « tout avait été mis en œuvre pour qu'une sécurité maximum soit assurée. Nous avions reçu toutes les assurances possibles de la part de la société installatrice. Je ne peux donc me sentir responsable de cet accident ». Président-directeur général de Sud-Tribunes, Alain Giordanengo prétend que « les tribunes sont montées comme des maillages. Ce sont des montants qui sont reliés par des croisillons. Même si quelques-uns ne tenaient pas, ils seraient retenus par les autres. Les prestations ont respecté les règles de l'art quant au montage. C'est vraiment incompréhensible ».

Henri Hurand, enfin, préfet de Haute-Corse, se « défend d'avoir été informé par quiconque que la tribune menaçait ruine. Dans la mesure où les installations techniques, présentant toute garantie, étaient soumises à l'avis des sociétés de contrôle qui ont pignon sur rue, nous n'avions pas de raison de soupçonner la qualité, le sérieux de ces sociétés[6]. »

⁂

Plusieurs années ont passé depuis la catastrophe de Furiani. Installé dans son bureau d'une grande entreprise nationale, un ancien responsable de la sécurité revient sur les événements du 5 mai 1992. Sur ces 17 morts et 1 307 victimes dénombrés.

« Tous les propos entendus après le drame sont d'horribles mensonges. Qu'elle le veuille ou non, la Fédération a une grande part de responsabilité dans cette tragédie. La Coupe de France dépend d'elle, c'est elle qui l'organise. La Fédération aurait donc dû assumer ses erreurs, les payer au

6. Propos extraits du fil de l'Agence France Presse, repris par l'hebdomadaire *France-Football*.

prix fort, ce qui n'a jamais été fait. Personne n'a été inquiété.

« A l'époque de la rencontre Bastia-Olympique de Marseille, la Corse et le continent étaient paralysés par une grève de transporteurs. Il manquait du matériel à la société Sud-Tribunes. Quoi qu'ait pu dire son président, les pièces nécessaires n'étaient jamais arrivées au stade de Furiani. Sud-Tribunes avait donc agi avec les moyens du bord, en utilisant des matériaux inadaptés ou défectueux. Pour combler le retard pris par le chantier, ils ont même fait travailler des clandestins jour et nuit pour que les travaux coûtent moins cher.

« L'après-midi, des délégués ont vu la tribune bouger quatre heures avant le début du match. Ce dernier, de toute façon, ne devait pas avoir lieu, je le répète. Pour le quart comme pour la demi-finale, Furiani était sous le coup d'une suspension.

« Un jour, peut-être, la vérité finira par sortir. Certains jugeront alors utile de dévoiler au grand jour un rapport accablant du ministère de la Jeunesse et des Sports aujourd'hui enfoui dans des bureaux. On mettra alors en évidence le rôle de chacun, car, dans cette affaire, seuls les lampistes ont trinqué. On connaîtra le rôle exact de la Fédération, des dirigeants bastiais, du défunt Jean-François Filippi[7], des responsables politiques

7. Le président Jean-François Filippi a été assassiné en Corse quelques années après la tragédie de Furiani.

locaux et surtout du préfet de Haute-Corse, qui est passé au travers des mailles. Lui, il n'a pas été ennuyé comme il aurait dû l'être. C'est triste à dire, mais la catastrophe de Furiani se résume à un problème d'argent et d'influence. Et puis c'est la Corse. »

Vive le foot…

CHAPITRE 8

Le « savoir-faire » du PSG

« La création de jeunes supporters, je crois que c'est vraiment une bonne chose. On a aujourd'hui un peu de public, grâce à cela. Il y a eu des problèmes avec les hooligans. Ils sont venus et repartis, heureusement... Mais je crois également en l'émergence d'une autre catégorie de fans : les VIP. On est en train d'amener une nouvelle catégorie de supporters dans les clubs, j'en suis convaincu. »

« Désolé. » Proférer de telles inepties au Paris Saint-Germain est une fâcheuse habitude. Une tradition, ancrée dans les mœurs et perpétuée au fil des ans par l'ensemble de ses dirigeants. En 1986, le PSG n'est déjà pas une histoire simple. Bien avant qu'il n'égare le manuel d'utilisation de son fax, le secrétaire Guy Adam démontre au journal *L'Équipe* l'étendue de sa science en matière de tribunes. Non seulement les hooligans sont toujours là, rubrique « faits divers » toutes les semaines, mais imaginer un seul instant que les pantouflards installés en loges puissent encourager de vive voix le club parisien relève d'une douce utopie.

Même s'il ne l'avoue pas, Guy Adam ne sait plus trop quoi faire, plus trop quoi dire. Instigateur du Kop de Boulogne en 1976 avec l'opération « Jeunes supporters », dix matchs pour 10 francs, le Paris Saint-Germain griffé Daniel Hechter et Francis Borelli tente par la suite avec plus ou moins de conviction d'étouffer la rébellion qui agite l'une des tribunes du Parc des Princes.

Tractations secrètes avec Serge Ayoub, alias Batskin, leader supposé des skinheads, renforcement de la sécurité avec présence accrue des CRS, avantages financiers et aide à la création de groupes de supporters, rien n'est laissé au hasard. Tous les moyens sont bons pour que Boulogne ne soit plus un Kop enivré de baston, de racisme ou de haine. Pour que cet amas de béton, unique en son genre, ne constitue plus le territoire de prédilection des « commerciaux » du Front national de la jeunesse, du groupe Union Défense ou encore du Mouvement nationaliste révolutionnaire du libraire Malliarakis.

Forts de l'investissement et du temps qu'ils estiment consacrer à leurs supporters, les cadres parisiens se flattent d'un léger mieux. Bien que les matchs se suivent et que les sorties de stade se ressemblent, on évoque cependant une « situation contrôlée », comme l'affirme René Letellier au magazine *Globe* : « Nous avons même créé trois associations de supporters, les Boulogne Boys, les Gavroches et les Firebirds, afin de différencier les vrais supporters des amis de Batskin. »

***

Circonstances obligent, l'actualité brûlante du club de la capitale lors de la saison 1990-1991 se limite au seul domaine sportif. Manque de résultats, perte de confiance, joueurs vieillissants au potentiel limité, la formation dirigée par un Henri Michel aux abois s'enfonce doucement mais sûrement dans les méandres d'un anonymat que Paris, avec son rang et son statut, ne peut tolérer. Match après match, victime d'une parodie de spectacle, le Parc n'est plus celui des Princes, l'enceinte illuminée s'éteint.

Ils ne sont plus en moyenne que 10 000 courageux à se rendre porte de Saint-Cloud pour les venues, peu allèchantes il est vrai, du Lille Olympique Sporting Club ou de l'Association sportive de Cannes. Et lorsque l'adversaire du jour a pour nom Olympique de Marseille, le Parc accueille cette fois plus de 38 000 spectateurs au milieu desquels certains incongrus brisent les vitres du car phocéen à son arrivée.

Plus préoccupant, la lente et douce agonie du Paris Saint-Germain se mêle d'embarrassants problèmes financiers. Au mois de janvier, la Mairie de Jacques Chirac, et de son premier adjoint Jean Tiberi, est informée d'un déficit proche de 60 millions de francs. Conspué à la sortie du stade par les derniers irréductibles, le président Borelli est sous pression. Son accent, son bagout, ses gris-gris et son « broutage » de pelouse des grands soirs ne suffisent plus. Le bon Francis – il l'est vraiment – a beau comprendre ses supporters – « Ils veulent une équipe façon Tapie avec du spectacle, des vedettes » –, croire vainement en des lendemains qui chantent – « Je leur ai expliqué que nous étions décidés à repartir de l'avant et que nous avions présenté un plan ambitieux à la Mairie de Paris[1] » –, son règne s'achève.

Borelli part le cœur gros, la tête basse. Par une petite porte à peine entrouverte face au gigantesque portail d'une chaîne à péage débordant d'ambition, pour laquelle le football est l'un des nombreux moyens de communication.

***

Au siège de la rue Olivier-de-Serres, André Rousselet, président de Canal+ aux solides ami-

1. Propos rapportés dans *L'Équipe*.

tiés, Pierre Lescure, Michel Denisot et Charles Biétry, chef du service des sports, finalisent depuis des semaines leur arrivée à la tête du club parisien. En contacts permanents avec la Mairie de Paris et Bernard Brochand, grand instigateur du projet, la chaîne qui doit son existence et une partie de sa réussite au bon vouloir de François Mitterrand signe un accord ferme et définitif le 31 mai 1991. Estimée entre 50 et 70 millions de francs, tout dépend de quel côté on se place, la dette du club s'efface comme par enchantement. Le Paris Saint-Germain attaque un nouveau virage de sa courte histoire avec un budget de l'ordre de 120 millions de francs.

Au cœur des priorités qu'affichent les têtes pensantes de Canal+ : l'organigramme du club, que l'on tente de rendre compréhensible. Vaste chantier, jamais terminé, qui place Bernard Brochand à la présidence, Pierre Lescure à la tête de la société anonyme à objet sportif et Michel Denisot comme président délégué. Passons sur les rôles de Jean-Michel Moutier, de Jean-François Domergue, de Lionel Dreksler et des autres.

Il faut, dans un second temps, constituer une équipe digne de ce nom, capable de figurer dans les hautes sphères du championnat de France. Le monstre brésilien Geraldao, son compatriote Valdo, et Bernard Pardo, Laurent Fournier, Bruno Germain, tous trois échangés avec l'Olympique de Marseille contre Jocelyn Angloma, Paul Le Guen et l'entraîneur portugais Artur Jorge, prennent la direction du Camp des Loges, avant d'être rejoints par un plongeur en mal de rade, David Ginola. S'inscrit enfin, et pas des moindres, le problème des supporters qu'il faut amadouer et contraindre au silence. Donner la parole aux plus extrémistes le lendemain du Heysel est une chose, les avoir sous sa responsabilité en est une autre...

Devenue une spécificité française, la direction du Paris Saint-Germain attend les premiers incidents au Parc des Princes pour entamer un début de dialogue. Le samedi 5 octobre 1991, les durs de Boulogne se présentent en interlocuteurs et profitent d'une inattendue défaite contre Toulon pour casser du flic, des Arabes, des voitures et des sièges qu'ils balancent sur la verte pelouse du Parc des Princes. Chantres de la communication et du « parler autrement », Denisot et consorts convient aussitôt les groupes de supporters pour une prétendue table qui n'a de ronde que la forme.

La réalité est en effet tout autre : le PSG adopte la manière forte. Les sièges de Boulogne sont retirés pour le match suivant, les effectifs de police aux abords du Parc des Princes sont doublés, 280 hommes à 100 francs par tête, et les spectateurs du Parc assistent à la montée en puissance de nouveaux groupes de supporters dans la tribune Auteuil que sont les Supras ou les Luteces Falco.

Autant de mesures qui ravissent les dirigeants ainsi que le chef du premier district parisien, en charge depuis cinq ans des forces de l'ordre au Parc des Princes, Norbert Rouibi. A nos confrères du *Parisien*, ce dernier confie que « le Paris Saint-Germain a voulu manifestement redorer l'image de marque de ses supporters. Cela n'a pas toujours été le cas dans le passé (...). Les 50 à 100 skinheads abonnés qui viennent pour casser, pour se réfugier dans la masse, on les connaît. Je n'irai pas jusqu'à dire qu'ils sont fichés, répertoriés, car c'est un mot qui n'existe plus dans la police (...). Ce qui est sûr, c'est que Canal+ veut tout faire pour ne pas détériorer son image de marque. Nous avons d'ailleurs eu trois réunions avec les dirigeants du club parisien. Nous tirerons les leçons de l'expérience avec eux. »

⁂

Le PSG se montre avec ses supporters adepte du « diviser pour mieux régner » : il les soutient et les sponsorise à Auteuil, les brime et les encadre à Boulogne. Étrange politique au rendement incertain qui a pour première conséquence de mécontenter les « pacifiques » du Kop, tous ces non-violents qui n'ont pas attendu Canal+ et ses millions de francs pour se rendre au Parc des Princes.

Au détour des rares interviews qu'on leur accorde – *Journal du Dimanche, Le Parisien* et

L'Équipe –, les fans du Paris Saint-Germain se plaignent « de toute cette présence policière. Au Parc, c'est de la folie, je n'ai jamais vu autant de flics (...). Les CRS sont arrogants et provocants. Ils nous traitent tous comme des délinquants sans aucun discernement (...). Sur les escaliers maintenant, ils font comme à Chelsea, en Angleterre : tu mets le pied une fois, ils t'avertissent, tu le mets une deuxième fois, ils tapent. »

Autre dilemme, les règles répressives ne modifient en rien l'attitude des casseurs, qui ont pour éternel principe de sévir à la fin des rencontres. Ainsi, il ne se passe pas un soir de match au Parc sans que l'on recense divers incidents. En 1991, sous l'œil avide des caméras de l'émission *52 sur la Une*, le duel PSG-Racing Club de Lens se solde par 23 blessés côté Sang-et-Or ; le match retour au stade Félix-Bollaert nécessite également la forte mobilisation des forces de l'ordre.

L'été suivant, aux premières heures du championnat, trois jeunes Antillaises sont prises à partie. A la mi-septembre, rue de la Tourelle, plusieurs hooligans saccagent une dizaine de voitures en stationnement. Concentrés de l'autre côté du stade, près de Boulogne, les effectifs de police ne peuvent intervenir. Lors de la rencontre Paris Saint-Germain - Metz du mois d'octobre 1992, des supporters parisiens, comme insatisfaits de la victoire des leurs (5-1), s'en prennent à trois occupants maghrébins d'une voiture de type Golf qui suit son chemin route de la Reine. Insultés, roués de coups, Mohammed, Fethi et son frère Majid tentent de prendre la fuite, abandonnant leur véhicule dans lequel vient d'être jeté un fumigène. Fethi reçoit ensuite un coup de barre de fer qui lui brise le nez, Majid se fait ouvrir l'arcade sourcilière et Mohammed se voit projeter contre la vitrine d'un magasin... Gravement blessé à la main ainsi qu'à l'avant-bras, ce dernier est hospitalisé durant trois jours à l'hôpital Ambroise-Paré. Opéré à deux reprises, il ne récupère que 70 % de l'usage de sa main.

Le « hooligan tour » s'achève enfin en janvier 1993 avec le match PSG-Lille, où un Antillais d'une trentaine d'années a le tort de se trouver dans une cabine téléphonique non loin du Parc des Princes. Quatre pseudo-supporters ouvrent la porte de la cabine et vident leur bombe lacrymogène sur le pauvre homme.

***

Tout autant victimes de « monstres surexcités » que de leur affligeant amateurisme, les responsables parisiens modifient leur stratégie. Dans le plus grand secret, ils suivent l'exemple des années Borelli et contactent le peu recommandable Serge Ayoub, membre influent de la tribune Boulogne. Hormis son look et son langage châtié, cet ancien étudiant en droit à la faculté d'Assas a pour particularités d'avoir onze condamnations pour coups et blessures, d'être un partisan du mouvement d'extrême-droite Troisième Voie et de citer pour référence musicale les Evilskins, groupe dont le titre le plus significatif est assurément « Le Führer est de retour » ! Au Paris Saint-Germain, sous l'ère Canal+, « on aime les démocrates »... sont dangereux.

Agent de sécurité et vendeur de fringues dans un magasin du XVe arrondissement parisien, Fabian Guiomarc'h est informé des intentions de la chaîne à péage. Chez *London Styl*, boutique privilégiée des fans du Paris SG, tout se sait. « J'avais depuis bien longtemps pris du recul avec le club. Mon dernier contact remontait à une lettre d'injures que j'avais envoyée à Bernard Brochand à la suite d'un Paris Saint-Germain-Marseille où trop de billets avaient été vendus. Mais je connaissais encore du monde dans le milieu et on voyait souvent des supporters du PSG à *London Styl*, j'ai donc rapidement appris la rencontre entre Batskin et le club. La réunion avait pour but de comprendre ce qui se passait à Boulogne et de savoir quels étaient les vrais fouteurs de merde. Habitués à la tenue identifiable des skinheads, le PSG et les forces de l'ordre avaient en revanche plus de difficultés à mettre la main sur les casuals (NDLA : de l'anglais *casual wear* : tenue de détente. Jean, blouson de toile, baskets et bob sur la tête, c'est au début des années 90, et, à peu de chose près, la nouvelle mode vestimentaire des casseurs insatiables). Avec Serge Ayoub, le club voulait se renseigner, mais je n'ai pas su le contenu exact de leur discussion. »

Peu de temps après, l'inénarrable Guiomarc'h est convié aux discrètes réunions du Paris SG. Au courant de son passé mouvementé, désireux d'avoir le plus grand nombre d'interlocuteurs « crédibles », Pierre Jozroland, responsable du département supporters, et Bruno Barbier, chargé de l'animation et de la communication, viennent à sa rencontre.

« Ils débarquent un matin à *London Styl* et me demandent de les aider à rencontrer les leaders charismatiques de Boulogne. Ils veulent parler avec eux, savoir ce qu'ils attendent, ce qu'ils recherchent. Bruno Barbier, Pierre Jozroland et Jean-François Domergue souhaitent plus que tout connaître les plus chauds de la tribune. J'assiste à deux réunions. La première se déroule dans la salle des trophées du Paris Saint-Germain. Il y a Batskin, Domergue, la fine fleur de Boulogne avec les représentants du Pitbull Kop, de l'Army Korps, du Commando Pirates et, me semble-t-il, Michel Denisot. Au fil de la discussion, on aperçoit les deux tendances qui se dégagent : d'un côté, le discours de ceux qui viennent foutre le bordel et, de l'autre, celui des vrais supporters. A la seconde réunion, peu après, le contenu est sensiblement le même. Jean-François Domergue écoute tout ce qui se dit et n'arrête pas de prendre des notes ».

***

Pour le remercier de sa présence, de son aide et aussi d'avoir contacté des « durs », Fabian Guiomarc'h est au début de la saison 1992-1993 invité à participer au premier déplacement européen du Paris Saint-Germain de Bernard Brochand, Pierre Lescure, Michel Denisot, Jean-François Domergue, Jean-Michel Moutier, Charles Talar, Guy Adam et consorts.

Non pas contre l'Aris Salonique, où la réputation des supporters grecs suffit à annuler le déplacement, mais en terre napolitaine, pour les seizièmes de finale de la Coupe de l'UEFA. Dans l'avion qui emmène la centaine de supporters parisiens se trouvent deux employés de la société de sécurité Challenger-Rosebud : Pascal Berger, vieille figure du Kop de Boulogne au casier judiciaire chargé, et un ancien champion du monde de kick-boxing, aujourd'hui engagé au Paris Saint-Germain en qualité de garde du corps. Étroite collaboration avec les carabinieri napolitains, aucun débordement et victoire du Paris Saint-Germain, 2-0. Le déplacement à Naples est une totale réussite. Suffisamment, du moins, pour que le club de la capitale persiste à travailler de la même façon.

« Juste après le match de Naples, confirme

Fabian, le PSG décide d'installer un steward dans chaque car pour les déplacements en France. Jean-François Domergue et les autres me disent que "les responsables des associations sont nuls, incompétents" et me laissent solliciter la société qui m'emploie, Challenger-Rosebud, pour faire ce boulot. Après une rencontre au Parc des Princes, je me rends d'ailleurs avec Pierre Jozroland et Jean-François Domergue dans une rave pour leur montrer l'efficacité de cette société. Ils sont conquis et décident sur-le-champ d'utiliser ses services. »

Pour 50 francs de l'heure et un forfait payé pour l'ensemble de la saison, Fabian Guiomarc'h accomplit son rêve de gosse : suivre le Paris Saint-Germain à chacune de ses rencontres. A domicile en tant que supporter, sur les autres terrains de l'Hexagone comme steward rémunéré. Il côtoie l'effectif, les dirigeants et surtout Jean-François Domergue, qu'il avait apprécié lorsqu'il était joueur et qui lui offre à cet instant la possibilité de joindre l'utile à l'agréable.

Heureux, tout fier de ses nouvelles missions, le molosse à casquette de West Ham vissée sur le crâne conforte à lui seul la direction du PSG. Le dialogue, semble-t-il, porte enfin ses fruits. La formule a l'air bonne.

A l'approche du duel fratricide et tant redouté contre l'Olympique de Marseille, la presse souligne d'ailleurs les efforts du club parisien. Sous la plume de Gérard Etcheverry, journaliste à *L'Équipe*, on lit que « le PSG progresse. Ses efforts ont déjà donné d'excellents résultats, particulièrement au niveau de la gestion des supporters en déplacement, laquelle a été exemplaire à Naples, Strasbourg, Anderlecht ou bien encore à Nantes. Il est vrai que, depuis Naples, le PSG a décidé de confier l'encadrement de ses supporters à la société Challenger, qui possède une solide expérience, notamment en matière de gestion de concerts. »

Il n'en faut guère plus à Lionel Dreksler, ancien de Canal+ devenu directeur du Parc et délégué à la sécurité, pour parader dans le même quotidien : « Nous travaillons autour de quatre axes, dont l'un est un dialogue permanent avec nos dix associations de supporters, car nous pensons que le dialogue est un moyen de se prémunir contre la violence. » Tout va pour le mieux dans le meilleur des mondes...

***

Probants au cours de la première partie du championnat 1992-1993, les résultats « sécuritaires » du Paris Saint-Germain connaissent de sérieuses baisses au retour de la trêve hivernale.

Montrés du doigt : les supporters indépendants, tous ceux qui refusent d'emprunter les cars officiels du club et parcourent l'Hexagone par leurs propres moyens. A Valenciennes, une quarantaine de casuals détruisent plusieurs magasins du centre-ville : deux vitrines et cinq distributeurs automatiques de billets en font les frais. Lors du match, ils cassent des sièges et envoient des fumigènes dans les tribunes.

A Caen, des voitures sont retournées et endommagées, la vitrine d'une pharmacie est détruite et des incidents éclatent pendant la rencontre. Résultat : deux fonctionnaires de police blessés. A Auxerre, des voitures et des Abribus sont attaqués. En Coupe d'Europe, pour les huitièmes de finale, les cars et voitures des supporters d'Anderlecht sont harcelés sur le périphérique à hauteur de la porte de Saint-Cloud. En demi-finale cette fois, le déplacement à Turin voit deux supporters parisiens arrêtés après qu'ils eurent frappé au visage un policier italien, contraint à un arrêt de travail de vingt jours. Au Parc des Princes, lors du match retour, le car des joueurs turinois est attaqué à coups de pierres à son arrivée au stade et le Paris Saint-Germain est éliminé. Jean-Michel Moutier, directeur sportif du PSG d'après l'organigramme, commente dans *Le Figaro* : « C'en est trop : nous ne pouvons rien contre les indépendants, venus en voiture particulière ou par le train. Ils ont choisi de faire de nos rencontres un prétexte et un exutoire à leurs instincts sauvages. » Bernard Brochand confirme, en déplorant en outre que son club « n'ait pas actuellement les moyens légaux d'interdire l'accès au stade à des gens que nous connaissons pourtant parfaitement bien et qui viennent délibérément au stade afin de casser ».

*
**

Réitérée à chaque débordement, l'antienne du Paris Saint-Germain n'a plus lieu d'être à la fin du mois de mai 1993. Pour le match à hauts risques qui l'oppose au nouveau champion d'Europe marseillais, le club organise ce jour-là un déplacement officiel. En train, avec des supporters inscrits. Avec « ceux qui viennent délibérément au stade pour casser et que connaît parfaitement bien » Bernard Brochand. Par manque de calcul et d'un élémentaire discernement, le PSG encourt des risques considérables. Le 29 mai, il les paye au prix fort.

Au départ du train, gare de Lyon, meurtri dans sa chair par l'accident grave d'un proche qui lutte entre la vie et la mort, Fabian Guiomarc'h n'a guère de doutes sur l'issue du déplacement. « Au Vélodrome, ça va péter. Les Parisiens et les Marseillais se détestent tellement que des drames vont se produire. Juste après la victoire truquée des Marseillais en Coupe d'Europe, ça m'a vraiment surpris que le Paris Saint-Germain accepte l'inscription de certains. Dans le train, il y a un nombre considérable de supporters virulents, toutes les tendances de Boulogne sont représentées. »

A peine arrivés dans la cité phocéenne, les fans parisiens sont attaqués par leurs « confrères » marseillais. Une vitre d'un car est brisée. Dans le Stade Vélodrome, parqués comme des bêtes au bas de la tribune Nord, les 800 supporters du PSG essuient l'antédiluvien *We are the Champions*, fumigènes, crachats, insultes et verres remplis d'urine.

La bêtise, la tension et la haine sont à leur paroxysme. « Ce que personne n'a voulu dire à l'époque de la rencontre, c'est que le drame intervient à cause des ramasseurs de balle de l'Olympique de Marseille. Avant le match, ils ne trouvent pas mieux que d'arracher une banderole à nos supporters et vont la remettre aux fans marseillais du Virage Sud. C'est à cet instant précis que les esprits s'échauffent. Quand les fusées partent de notre tribune, les quarante stewards que nous étions avions un rôle pour le moins ingrat : nous devions nous interposer entre la police et nos propres supporters. Mais, contrairement à ce qu'ont affirmé les médias et les CRS le lendemain, si nous n'avions pas été là, le match aurait tourné à l'émeute. Il y aurait eu des morts. »

Quatorze blessés, dix parmi les CRS, dont une jambe cassée et un traumatisme crânien, six interpellations, le discours vérité de Fabian Guiomarch' ne compte pas face à l'indignation que suscitent les images de violence dans la France entière. Il n'est pas une discussion de comptoir, une radio, un journal télévisé ou un quotidien national qui ne vienne à mentionner les terribles incidents du samedi soir. Comme pour le Heysel, dix ans plus tôt, place à la déferlante de photos chocs, de propos incohérents et d'informations tronquées.

Donneur de leçons patenté, oubliant un peu vite ses méthodes scélérates, Bernard Tapie juge que « le PSG risque d'avoir de mauvaises surprises en Coupe d'Europe avec de tels supporters. Ces incidents seront le problème numéro un du Paris Saint-Germain. » Michel Denisot est lui « abattu », « consterné[2] ». La presse, faute de témoignages, nous reparle encore et toujours de l'extrême droite.

Quant à Pierre Lescure, enfant du rock devenu trop respectable, il n'a aucun problème de conscience lorsqu'il assure connaître « les 300 personnes qui n'ont rien à faire du football. On va donc essayer d'obtenir un texte juridique et réglementaire qui nous permettra de pouvoir exclure ces indésirables qui n'ont rien à voir avec le PSG[3]. »

Dans ces conditions, pourquoi et comment ont-ils pu s'inscrire au déplacement organisé par le club ? Comment se fait-il que ces 300 personnes qui sont dans la tribune Boulogne et qui ne vien-

2. Propos rapportés dans *Le Parisien*.
3. Propos rapportés dans *France-Soir*.

nent pas pour le football aient eu l'assentiment du Paris Saint-Germain pour se déplacer ? Dans le train, les cars, avec les stewards et les billets réservés par le club ? Les blessés attendent toujours des réponses.

⁂

En guise de riposte énergique et médiatique, coutume de la maison, le PSG estampillé Canal+ porte plainte contre X et suspend tous les déplacements jusqu'à nouvel ordre. Pierre Lescure et Charles Biétry se fendent même d'une lettre envoyée à tous les abonnés provençaux de la chaîne, dans laquelle ils prennent soin de déplorer « le comportement de quelques pseudo-supporters qui ont terni la rencontre, mais aussi la réputation du PSG et, à travers lui, d'une certaine manière, Canal+. Face à ce déchaînement de violence, nous avons ressenti une émotion et une tristesse intenses. Depuis deux ans, aux côtés des dirigeants du club parisien, des instances du fooball et des autorités parisiennes concernées, nous nous battons contre ces quelques extrémistes qui viennent régulièrement salir l'image du club parisien et du football en général[4]. » A 160 francs l'abonnement, il est préférable d'envoyer un petit courrier…

Les incidents de Marseille dans toutes les

4. Lettre publiée par le mensuel *Sup Mag*.

mémoires, le club champion du retournement de veste revient à ses premières amours : les méthodes sécuritaires, avec une présence policière accrue pour un match de championnat contre l'AS Saint-Étienne au Parc des Princes. Effort en partie inutile compte tenu de l'attitude du Kop de Boulogne ce soir-là. Révoltée contre ses dirigeants, la tribune est en grève. Elle encourage les Verts, insulte Canal+ et déploie même une banderole sur laquelle on peut lire « Denisot marseillais ».

Seule ombre de la soirée, une quinzaine d'individus se rendent au siège de TF1 et brisent plusieurs vitres. La saison 1992-1993 du PSG s'achève avec plus de réussite et une victoire en Coupe de France contre le Football Club de Nantes. Une voiture immatriculée dans les Bouches-du-Rhône, un feu rouge et la vitrine d'un café « participent » ce soir-là à la fête...

⁂

Un soir de trêve estivale, dans un restaurant parisien, Fabian Guiomarc'h dîne en compagnie de Jean-François Domergue et de Lionel Dreksler. L'invitation a pour but de l'engager au sein du département supporters et d'établir une meilleure coordination avec la tribune Boulogne, celle d'Auteuil étant déjà assurée par Frédéric Serandour, salarié à mi-temps du club. « Domergue et Dreksler me parlent tout d'abord d'argent et me proposent 500 francs de plus que mon salaire de l'époque. Rien de royal. Pendant tout le dîner, ils me prennent pour un abruti. Ils sont sidérés que je sache me servir d'un ordinateur et que je parle anglais. Mais je n'y prête pas trop attention et je ravale ma fierté, car, à ce moment-là, je suis sur un nuage. Je suis finalement engagé au Paris Saint-Germain, le 9 août 1993, avec un salaire de 9 000 francs net. Je travaille davantage à l'extérieur, car, pour les matchs au Parc des Princes, je dois juste collecter les informations, être au courant des tifos[5] organisés et recueillir les doléances des supporters. C'est du boulot, mais je suis ravi de le faire. C'est pour moi un honneur d'appartenir à ce club. »

Composé de Bruno Barbier, Pierre Jozroland, Frédéric Serandour et Fabian Guiomarc'h, le département supporters du PSG trouve les raisons même de son existence au tout début de la saison 1993-1994. Alors que les déplacements officiels sont toujours interdits, les indépendants reprennent du service.

A Bordeaux, une cinquantaine de membres du Commando Pirates attaquent dans l'après-midi une équipe de France 3 Aquitaine et dévastent trois cafés bordelais, ainsi qu'un restaurant asiatique. Un pavé et le propriétaire du restaurant sont

5. Tifo : mot d'origine italienne désignant les spectacles élaborés par les Kops avant le début des matchs.

projetés en pleine vitrine. Trente-six personnes sont interpellées. Interviewé dans les colonnes de *Sup Mag*, Jean-François Domergue prétend pourtant que « personne n'accuse le club pour les incidents survenus à Bordeaux. On a focalisé sur des skinheads ou des pseudo-supporters. Nous avons vu toute la différence avec Marseille-PSG, où l'organisation du déplacement était à notre charge. (NDLA : pour les mêmes résultats !) Avec l'extension du département supporters et l'arrivée de Fabian, qui aura un rôle complémentaire à celui de Frédéric Serandour, notre idée est de fédérer toutes les associations du PSG (...). Nous devons parler avec tout le monde, nous devons les convaincre de soutenir le club, les joueurs et les dirigeants en mettant en commun leurs forces. Bref, nous voulons que le public communie autour de son équipe. Actuellement, au Parc, il y a certains supporters qui ne supportent plus les autres. Soit pour leur passivité, soit pour leur image de violence. Il faut étendre à tout le public la notion de fête, éliminer les rancœurs. Le jour où nous aurons tout le Parc motivé pour soutenir à fond son équipe, là, nous pourrons parler de communion. Il n'y a qu'à Marseille où cela se passe régulièrement, même si les gens ont vu une nouvelle dynamique depuis l'arrivée de Canal+, et que nous avons gagné un public. »

***

Rassurée et pleine d'espérances sur le comportement de ses supporters au Parc des Princes, la direction du Paris Saint-Germain déchante, le 28 août 1993, pour la venue du Stade Malherbe de Caen. Débuté depuis une demi-heure, le match est soporifique. Regroupés dans le bas de la tribune Boulogne, la partie supérieure étant fermée pour cause de réfection, les fidèles du Kop s'amusent comme ils peuvent. Avec leurs propres délires, des chants déplacés et ces « pogos » qui les excitent.

A 20 h 35, fait anodin, une chaussure arrive sur la pelouse. « Plutôt que de la lui renvoyer, se souvient Fabian, la personne qui la récupère dit au supporter : “Viens la chercher si t'as des couilles.” Naturellement, il y va. Il franchit le fossé qui sépare la tribune du terrain et reprend tranquillement sa place dans le Kop de Boulogne. Le drame survient lorsqu'un CRS prétend l'embarquer. Pour le soutenir, ses collègues arrivent en force et balancent des coups de matraque dans tous les sens. Seul problème, les CRS ne sont pas assez nombreux et doivent faire demi-tour. A partir de là, c'est l'émeute. »

Partis se réfugier dans les coursives du Parc, les CRS oublient trois de leurs collègues dans la tribune Boulogne. Le lynchage peut débuter. L'un d'entre eux est traîné de bas en haut de la tribune et frappé au visage à de nombreuses reprises, alors que les deux autres sont roués de coups. Il faut l'utilisation massive de gaz lacrymogènes pour rouvrir la porte métallique et sauver de la mort les CRS blessés. Après vingt minutes d'un odieux carnage, le match est arrêté. Abruti patenté, à qui l'on devrait ordonner de se taire et de changer de métier, le speaker du Parc des Princes[6] lance au public de vibrants appels : « Laissez les joueurs revenir sur la pelouse et marquer des buts. Vous êtes super-cools. Arrêtez, s'il vous plaît. »

Super-cools ? : trois CRS dans un état grave, dix blessés, des images ahurissantes diffusées dans le monde entier et la honte collée sur le PSG.

Le 29 août, lendemain de la rencontre, les dirigeants du PSG adoptent encore et toujours un double langage. Face aux médias, ils rectifient leurs déclarations maladroites de la veille, « que je sache, le match a été interrompu à cause des gaz lacrymogènes, et ce ne sont pas les supporters du PSG qui les ont lancés[7] », et chargent les excités de la tribune Boulogne, « ces casseurs qui sont impardonnables ». En coulisses, le discours diffère. Michel Denisot et les autres ne se privent pas d'accuser les CRS, dont plusieurs auraient été

6. Le Parc des Princes est l'un des rares stades de France où le spectateur peut nourrir la légitime envie d'étriper le speaker avant même le début du match. Ce dernier n'a de cesse que de dire au public du Parc : « Faites du bruit, faites du bruit ! » Et toi, tais-toi.

7. Propos rapportés dans *France-Soir*.

ivres le soir du match. « On en a eu la preuve en menant notre enquête », conclut Fabian[8].

***

Tandis que la justice se saisit de l'affaire et condamne lourdement les dix-sept personnes accusées[9], Fabian Guiomarc'h continue tant bien que mal sa mission au sein du club parisien. Reconnaissants du travail accompli, les dirigeants lui octroient une prime exceptionnelle de 3 000 francs, le 11 janvier 1994, pour la réorganisation du 3615 PSG. En juillet de la même année, Jean-François Domergue lui accorde même une promotion en le nommant responsable en chef du département supporters avec un statut de cadre et un salaire mensuel de 11 000 francs net.

8. Il est à souligner qu'un membre de la sécurité du Paris Saint-Germain ainsi qu'un médecin de service ce soir-là au Parc des Princes avaient évoqué l'alcoolémie avancée de certains CRS présents dans la tribune Boulogne. Que reste-t-il de ces témoignages ?

9. Le 12 avril 1994, devant la 15e chambre correctionnelle du tribunal de Paris, s'ouvre le procès des fauteurs de troubles. Sur les dix-sept accusés présents ce jour-là (le dix-huitième est toujours en cavale), quatre sont condamnés à trente mois de prison dont douze avec sursis. Cinq sont condamnés à quinze mois dont douze avec sursis. Par ailleurs, une peine de quinze mois ferme est prononcée contre le supporter en cavale. Tous sont interdits de stade à vie. C'est la première fois en France que des « supporters » de football sont condamnés pour des violences commises à l'intérieur d'un stade.

Au contraire des apparences, ses rapports avec Jean-François Domergue se dégradent match après match. A la base des divergences : la nouvelle entreprise de sécurité affiliée au Paris Saint-Germain, MC Sécurité, ainsi que le rôle de Pascal Berger, chargé du département Stewards. Doux euphémisme, les deux hommes n'ont pas la même conception de leur métier. Guiomarc'h refuse en effet de « balancer » les noms des supporters indépendants qui viennent d'effectuer un déplacement mouvementé à Martigues. En dépit d'un match arrêté à plusieurs reprises, de jets de pierres, d'insultes, de plusieurs arrestations, de couteaux, de stylos-fusées, des cutters et poings américains saisis ce soir-là, Fabian Guiomarc'h n'accepte pas de citer des noms et d'accuser qui que ce soit.

« Je leur explique simplement que je ne suis pas un délateur, ni un fonctionnaire de police. Ce n'est pas mon boulot de surveiller les villes de Martigues et de Marseille la journée du match. Je n'ai pas non plus le pouvoir d'empêcher les supporters de l'Olympique de Marseille de venir foutre le bordel comme c'est le cas à Martigues. C'est le travail des flics. Je n'ai pas à donner des noms, encore moins à chouchouter les VIP du club qui ne comprennent rien au football. Mon rôle se situe dans le stade avec les vrais supporters. Mais pour eux, ça ne suffit pas. »

Autres reproches adressés : l'invitation de

quatre supporters indépendants dans le cadre du déplacement officiel à Monaco et le refus de donner à la police allemande un stylo fusée retrouvé à Munich au sein des fans parisiens. Le déplacement du 13 février 1995 à Barcelone scelle définitivement son sort. « Ce jour-là, on me demande de séparer les bons et les mauvais supporters. De faire un sale boulot que Pascal Berger et Jean-François Domergue n'osent pas accomplir eux-mêmes. Comme ils savent que je suis proche de quelques indépendants, ils me balancent tout sur le dos, c'est facile. Je n'ai plus la même conception que ces gens-là. Pour moi, il n'y a que des supporters, pas les bons et les méchants. J'ai le courage de le leur dire en face et il doit arriver ce qui arrive. »

***

Le 29 mars 1995, moins d'un an après avoir été promu responsable du département supporters, Fabian Guiomarc'h reçoit à son domicile de Meudon sa lettre de licenciement. Jean-François Domergue lui reproche son insuffisance professionnelle due « à une absence totale de coordination », « une absence de planning relatif aux actions à mener », « un manque de sérieux et de cohérence », « des démarches non menées auprès de sociétés pour des abonnements à prix préférentiels », ainsi qu'« une incapacité à mettre en place des réunions ». S'ensuit la « perte de confiance », exemples de Monaco et de Barcelone, et enfin « la violation de l'obligation de réserve et de loyauté envers le club »[10].

Renvoyé avec une indemnité compensatrice de préavis, Fabian Guiomarc'h laisse le champ libre à Pascal Berger. Le 1er avril 1995, ce dernier retrouve ses vieilles habitudes et l'agresse dans le parking du siège du Paris Saint-Germain. Salarié encombrant pour cause de condamnation, Pascal Berger n'apparaît pas dans l'organigramme du Paris Saint-Germain, mais supervise bel et bien les supporters parisiens.

Après avoir contacté le peu fréquentable Batskin, employé Fabian Guiomarc'h, Canal+ introduit encore, en 1996, un ancien skinhead du Kop Boulogne dans le staff du PSG.

De son aventure au club qui l'a longtemps fait rêver, Fabian Guiomarc'h garde une opinion mitigée. De superbes souvenirs et un soupçon d'amertume. « Quand tu grattes un peu, l'image du Paris Saint-Germain n'est pas aussi belle que ça. J'ai passé de bons moments dans ce club, car je l'aime de tout mon cœur et je ne tiens pas à cracher dans la soupe. J'ai peut-être fait des erreurs. Mais je n'oublierai pas certaines méthodes comme leurs fameuses plaintes contre X alors qu'ils connaissent les fauteurs de troubles. Je

10. Propos extraits de la lettre recommandée adressée à Fabian Guiomarc'h par Jean-François Domergue.

retiens également une rencontre où une banderole raciste anti-Weah avait pris place à Boulogne[11]. Peu de temps après, les auteurs de la banderole jouaient sur la pelouse du Parc des Princes en compagnie de Jean-François Domergue[12] et de Pascal Berger. Il y a aussi eu l'émission *Envoyé spécial* de France 2 qui a fait beaucoup de bruit et qui m'a desservi. J'étais gêné. Car, si je disais tout, le Paris Saint-Germain morflait. Michel Denisot a cru bon de m'allumer dans la presse, j'ai donc voulu le rencontrer. Il n'a jamais accepté. Ce type, ce club, ces hommes, c'est courage, fuyons. »

Débarqué du Paris Saint-Germain, Michel Denisot a laissé sa place à son ami d'hier et son ennemi d'aujourd'hui : Charles Biétry. Si les deux hommes ont en commun de se couvrir de ridicule – « ça va, Charles ? » –, l'une des premières mesures du nouveau président délégué a été de licencier Pascal Berger. Comme quoi il est des politiques hasardeuses et des gens encombrants…

11. Au milieu des banderoles insultantes déployées ce soir-là au Parc, on retenait celle à l'encontre de Georges Weah : « Weah, on n'a pas besoin de toi », accompagnée de croix celtiques.

12. Le 30 mars 1996, pour le match Paris Saint-Germain-Metz, Jean-François Domergue était accusé de complicité d'introduction de fumigènes dans une enceinte sportive ». Il fut finalement relaxé en octobre 1998, mais quatre supporters parisiens ont été condamnés avec sursis.

CHAPITRE 9

Au nom de la bâche

L'endroit n'a rien d'exaltant. Isolée dans les bas-fonds d'un sous-sol désaffecté, crasseuse et vaguement aménagée, la zone d'une centaine de mètres carrés côtoie davantage la réalité que le rêve. Plus proche du paysage sans relief de la gare de Châteaucreux que d'un chaudron magique communément appelé Geoffroy.

Un bar, des bouteilles, un canapé, des chaises, une télévision au fonctionnement capricieux, des vitres cassées et deux ou trois rats au domicile fixe, tel est le cadre de vie absolu d'une cinquantaine de Stéphanois. Un local en guise de lieu de prédilection, seul et unique endroit de Saint-Étienne où les Magic Fans aiment à se retrouver.

Face au succès grandissant de ce groupe de supporters, avec 400 membres disséminés dans la

France entière, les cafés d'un temps, les appartements des potes ou les alentours du stade Geoffroy-Guichard ne suffisent plus. Il faut, et vite, un lieu à la profonde et sincère amitié qui les unit, un toit, des murs et un peu de chaleur humaine au nom des valeurs qui les rassemblent.

Standing et situation géographique n'ayant qu'une infime importance, les immeubles vétustes et le décor sinistre de la rue Neyron accueillent bon gré mal gré le local officiel des Magic Fans. A deux pas de la gare de Châteaucreux, trois du centre-ville, pour 1 500 francs mensuels et des heures de boulot à retaper ce qui peut l'être, le sous-sol est inauguré un soir de match avec joueurs, dirigeants et reporters locaux qui honorent le site de leur gratifiante présence.

⁂

Au milieu d'affiches jaunes et fripées d'une époque révolue, des photos souvenirs et d'une emblématique tête de mort taguée à la perfection, ils sont des dizaines d'adeptes chaque semaine à mettre entre parenthèses leurs études, leur boulot et un semblant de vie familiale pour se retrouver au local. Partager ainsi, de jour comme de nuit, une vague conception du monde peu reluisant qui les entoure. Commenter, bières et pétards à la bouche, l'ambiance, les tifos et les matchs de la veille. Écrire les scénarios du lendemain, voir et revoir avec ce qui reste du magnétoscope *Orange mécanique*, film culte d'une génération à son tour fascinée par Alex, son chapeau melon et son insatiable violence.

Les Magic Fans sont à l'Association sportive de Saint-Étienne ce que le bas de tribune Sud du Vélodrome est à l'Olympique de Marseille : une bande d'ultras, vouée corps et âme au prestige de leur club, à l'honneur de leur ville. Rencontrés au sein même du Kop Nord du stade Geoffroy-Guichard, Jean-Christophe Bel et sa garde rapprochée ne vivent que pour un groupe, un maillot et une légende à jamais ancrée dans les consciences locales.

Matin, midi et soir, dans cette attachante capitale du Forez qui tente de survivre aux affres de la crise, Fred, « Étoile », « Miche-Jean », « Babas », « Rico » et les autres préfèrent encore et toujours bouffer du Vert : quitter l'ennui et la morosité de Saint-Chamond, Rive-de-Gier, Feyzin, Givors ou de « la Vallée », afin de se mobiliser par tous les moyens et tous les excès pour que leur « Saint-É soit trop puissant ».

« Les Magic Fans sont représentatifs de la vie, des rares valeurs qu'elle est capable de nous offrir. Dans notre groupe, il y a beaucoup d'amitié, de la solidarité, de la fierté et une relative hiérarchie. Je suis fier d'être le chef des Magic, s'honore Jean-Christophe Bel, heureux de me défoncer et d'être éventuellement apprécié pour ce que je fais. Lors de la saison 1992-1993, les

Verts obtiennent de bons résultats, ce qui me pousse à m'investir comme un dingue. A partir du moment où je commence quelque chose, j'ai pour habitude d'aller au bout, il n'y a donc pas de demi-mesure : je donne tout aux Verts. Je laisse tomber mes études de droit, car je n'ai pas l'impression d'être fait pour ça, et j'assiste à tous les matchs. C'est une passion dévorante, annihilante et, je le reconnais, presque dangereuse. A cette époque, mon groupe est tout pour moi. C'est la chose la plus importante de ma vie. Je sais néanmoins que cela peut me pousser à faire n'importe quoi. »

***

Nombreux, soudés, forts en gueule et « fous furieux quand ils arrivent au stade », du moins le chantent-ils, les Magic Fans se forgent une solide réputation dans les mois qui suivent leur naissance. A domicile ainsi que sur terrain adverse, les mentalités changent : il n'est plus opportun pour les ennemis jurés que sont Lyonnais, Nantais, Marseillais et Niçois de vouloir mettre en cause l'intégrité physique des « lapins » du Forez. Casquettes retournées, bombers apparents et boucles de ceinture prêtes à l'emploi, JC et sa cohorte de lieutenants veillent, parent à toute éventualité et n'hésitent plus à jouer du coup de poing pour défendre l'honneur du peuple Vert.

Au sortir d'un derby avec l'Olympique Lyonnais qui voit l'AS Saint-Étienne s'imposer 2-0 au stade de Gerland, il faut l'intervention de voitures banalisées et de policiers armés de la brigade de répression des actes de vandalisme pour éviter une bataille rangée entre supporters des deux équipes. Les Magic Fans institutionnalisent l'escapade au Vélodrome de Marseille, terre appréhendée et inaccessible pendant de longues années, et jouent volontiers la provoc. Insultes envers Jean-Pierre Papin et sa maudite canette en 1991, maillots de l'Étoile rouge de Belgrade arborés avec reconnaissance un an plus tard, billets de banque à toutes fins utiles pour Bernard Tapie et propos douteux sur les mœurs de la Bonne Mère en 1993, les supporters stéphanois chahutent les convenances et les Marseillais en perdent leur accent.

Carrefour des ambitions retrouvées, le stade Geoffroy-Guichard n'échappe pas non plus au début de règne Magic sur la planète Ultras. Strasbourgeois et Lillois ont droit à un comité d'accueil musclé et, pour s'être attaqués à femmes et enfants sur le parking du stade, les Urban Service du Football Club de Nantes sont corrigés avant une demi-finale de Coupe de France. Policiers et supporters présents cet après-midi-là encouragent de vive voix le « capo »[1] des Magic que « rien, pourtant, n'oblige à être en première ligne. Je ne

1. Capo : mot d'origine italienne qui désigne le chef.

me force pas pour défendre mon territoire. La violence ne me rend pas plus méchant, ni plus violent, elle me pousse seulement à dépasser mes limites. Je me dois de représenter mon groupe, de donner l'exemple. En 1992-1993, si je suis plus marqué par le terrain que par les tribunes, ça ne m'empêche pas d'être fier de la notoriété des Magic, de la place qu'on occupe au classement des ultras du magazine *Sup Mag* et des incidents dont veulent bien parler les journaux. Indirectement, je me dis que c'est moi qui ai créé tout ça. Avec les Magic, j'ai conscience de donner du plaisir aux jeunes et aux moins jeunes. Pour eux, l'excitation et le plaisir ne proviennent pas nécessairement d'une boîte de nuit ou d'un joint. Ils sont différents les uns des autres, mais tous veulent crier, chanter, partager des choses, retrouver leurs amis le week-end et défendre les Verts toute la semaine. De temps en temps, cela déborde sur de la violence. C'est presque normal, car il est avéré que la passion engendre l'excès. »

***

Sevrés de titres nationaux, de Coupes européennes et d'autant de voyages mémorables depuis des lustres, les Verts et leurs trop fidèles supporters fondent de sérieux espoirs sur la brutale prise de pouvoir du couple Yves Guichard-Jean-Michel Larqué. Avec l'international Laurent Blanc, l'avant-centre allemand Roland Wolfhart et diverses recrues débauchées à coups de millions de francs, les Magic Fans sont persuadés de soutenir une équipe à la hauteur de leurs dévorantes ambitions. Des joueurs dignes de leur confiance, dignes de ces milliers de kilomètres qu'ils parcourent tout au long de la saison en car ou en stop pour le seul plaisir de les encourager.

Installé dans ses fonctions de manager général, Jean-Michel Larqué, alias « Jean-Mimi », capitaine de la grande époque, entre aussitôt en contact avec Jean-Christophe Bel. Coups de téléphone à domicile, entretiens au stade Geoffroy-Guichard, « l'enfant de Glasgow » tombe instantanément sous le charme. Face à lui, pas d'interlocuteur, un mythe : le porte-drapeau d'une génération exceptionnelle que le chef des Magic n'aborde qu'avec les vidéos des uns et les souvenirs des autres. « J'avais de tellement mauvais rapports avec la direction du club sous l'ère André Laurent que les attentions de Larqué me touchent. J'ai l'impression qu'il s'intéresse vraiment à nous, que son discours n'est pas du vent. Même si, dans le groupe, certains lui reprochent son hypocrisie, persistent à croire qu'il se moque de nous et qu'il veut nous calmer par rapport aux mauvais résultats, j'ai un indéniable respect pour sa personne. Avec son passé de joueur, Larqué représente quelque chose pour les supporters que nous sommes. »

En dépit de ces « discussions avec le capitaine

de 1976 qui vous font quelque chose », comme il l'affirme à *L'Équipe Magazine*, Jean-Christophe et ses ouailles s'écartent en particulier du club forézien et du football en général. Entre la direction, les joueurs et les supporters, un fossé se creuse : le divorce est inéluctable. Écœurés par le manque de résultats, s'estimant à juste titre trahis par l'insignifiant Yves Guichard et les flagorneries de Jean-Michel Larqué, les ultras de l'Association sportive de Saint-Étienne ne focalisent plus leur attention que sur les tribunes. A défaut d'avoir une équipe compétitive, ils s'obstinent à faire perdurer le « Magic Instinct », souhaitent répondre inlassablement présent dans les stades de l'Hexagone.

Si, à Marseille, désireux de « montrer l'exemple », Jean-Christophe Bel déserte l'armée pour rejoindre en car le Stade Vélodrome, ce sont les Magic dans leur ensemble qui, au cours de l'été 1993, inscrivent à l'encre indélébile leur nom au panthéon de la violence. Le 31 juillet, à peine descendus des trois cars qui les emmènent à Nantes, une cinquantaine d'entre eux détruisent des voitures sur le parking du stade. S'ensuit une violente bataille rangée avec les persévérants Urban Service nantais. Arrivée sur le tard, la police dénombre deux blessés et procède à trois arrestations, dont celle d'un Magic venu au stade de la Beaujoire avec une trousse à outils ! Quinze jours après Paris Saint-Germain - Caen, le vandalisme stéphanois resurgit lors d'un voyage à Lille. Attaqués face au stade Grimonprez-Jooris, sans la moindre présence policière là encore, les Magic Fans assurent le service d'ordre. Hurlements, jets de bouteilles de bière et courses poursuites, un membre des DVE (Dogues Virage Est) achève son jogging du samedi le crâne ouvert…

⁂

Lucide quant au terrible engrenage dans lequel s'immisce peu à peu son groupe, le gaga charismatique justifie avec calme et raison « cet extrémisme naissant. Il est vrai que nous tombons tous dans l'excès. Certains ne pensent plus qu'aux tribunes et à notre réputation. Mais je suis pourtant convaincu que c'est dû à notre immense déception, à la tristesse de ne pas avoir une équipe digne de ce nom. Quand vous avez connu l'Europe et la gloire, que vous habitez une ville qui parle football à longueur de temps, il n'est pas facile de supporter l'anonymat. Les joueurs se fichent ouvertement de notre gueule, ils alignent les contre-performances, ne se battent pas sur le terrain et encaissent dans le même temps leurs chèques faramineux en fin de mois. A cause d'eux, notre motivation ne se situe plus sur le terrain. Il nous faut autre chose pour proclamer haut et fort notre fierté d'être des Stéphanois. Un excitant qui marque nos esprits et frappe celui des supporters adverses. »

Le 11 décembre 1993, à l'occasion d'un déplacement en Principauté monégasque, cinq fans plus vraiment « Magic » ne frappent pas que les esprits. Ils bénéficient d'une voiture particulière, de la route et de centaines de kilomètres pour définir le concept même de l'« excitant ». Sur le chemin du retour, loin de JC et des autres supporters repartis à « Saint-É » en car, un tout nouveau « club des cinq » écrit un premier chapitre de sa rocambolesque histoire en opérant un détour par Marseille. Objet de la visite ? Le Stade Vélodrome. Le but : cambrioler en pleine nuit le local des Ultras marseillais, là où repose le plus précieux symbole de chaque groupe de supporters : la bâche.

Présent, et toujours content de l'être, un Forézien à la mémoire tenace se rappelle « être arrivé à Marseille vers 2 h 30 du matin. Comme l'OM jouait ce soir-là au Havre, nous avions tout notre temps avant que les supporters rentrent de leur déplacement. Devant le Stade Vélodrome, nous escaladons la grille et prenons la direction du local des Ultras. Avec des extincteurs trouvés sur place, on a mis quarante-cinq minutes pour défoncer la porte. Le gardien ne nous voit pas, ne nous entend pas, alors que la lumière de son poste est allumée. Pour notre grand bonheur, les Ultras avaient laissé une grande partie de leur matériel, dont leur fameuse banderole "Commando Ultras 84". Nous volons également des tambours et autres gadgets, et on repart comme si de rien n'était. En rentrant, on est tous très heureux. Nous détestons l'Olympique de Marseille, on exècre profondément ce club, ses supporters et tout ce qu'ils représentent. Il est impensable pour un Stéphanois d'aimer l'OM, à moins d'un sérieux problème mental. Cette action, nous l'opérons pour le groupe, pour son prestige. Malheureusement, dans les jours qui suivent, un type de chez nous prévient les Ultras. On se doute dès lors qu'il va y avoir une vengeance, même si personne ne pense au drame. Cela m'est toutefois égal, car, à cette époque, je suis prêt à crever un Marseillais s'il le faut. »

Brandi avec fierté et arrogance le 15 janvier 1994 au Stadium de Toulouse lors de la vingt-troisième journée du championnat de France, le précieux trophée suscite de vives inquiétudes au sein même des autorités du football national. A trois semaines du match AS Saint-Étienne-Olympique de Marseille à Geoffroy-Guichard, les dirigeants des deux équipes tentent d'apaiser les esprits. A Marseille, le responsable de la sécurité Patrick Daumas espère récupérer la banderole au plus vite. Côté stéphanois, son homologue Dino Cinieri et Jean-Michel Larqué s'entendent dire que la bâche vient d'être brûlée par des Magic Fans survoltés. Appelés en dernier recours, les Renseignements généraux y vont de leur propre enquête et harcèlent Jean-Christophe Bel pour connaître l'exacte version d'un événement devenu bien encombrant.

Comme tout le laissait présager, de sérieux incidents interviennent le 5 février 1994 pour la venue de l'ennemi marseillais dans le Chaudron vert. Dans le rôle des redresseurs de torts : les Winners, autre groupe de supporters phocéens dont plusieurs membres arborent ce soir-là des écharpes vertes afin de tromper les forces de l'ordre et s'introduire dans la tribune Sud avec les fans stéphanois. En seconde période, les bagarres éclatent.

Horrifié, Jean-Michel Larqué se rend sur la pelouse et prie l'arbitre de bien vouloir suspendre la rencontre. Depuis dix bonnes minutes, les affrontements se poursuivent entre Magic Fans, accourus en toute précipitation de la tribune opposée, Stéphanois et supporters marseillais. Avant même de vider leurs bombes lacrymogènes et d'intervenir, les CRS sont blessés. Embarqués au commissariat central de Saint-Étienne, une vingtaine de supporters marseillais ne tombent pas sous le coup de la loi Alliot-Marie, mais reçoivent pour seul réconfort la visite de Magic Fans qui n'ont pas de meilleure idée que de les attaquer à jets de pierres face au commissariat !

⁂

N'ayant aucune raison valable de s'éteindre, le contentieux stéphano-marseillais connaît un tragique épilogue le dernier week-end d'avril 1994. Sacrifiant à leur rite hebdomadaire, les figures incontournables des Magic gagnent le local dès le vendredi soir. Techno en fond sonore, parties de cartes pour les uns, télévision pour les autres et « découane » assurée pour tout le monde, l'immuable cérémonial ne souffre que d'une seule exception : la présence aussi inhabituelle que répétée des flashes d'informations de France-Info.

A Saint-Étienne, dans les sous-sols de la rue Neyron, on attend avec grande impatience le sort que réserve le pouvoir fédéral à l'Olympique de Marseille. Moins d'un an après les aveux de Jacques Glassman, la dépression de Jean-Pierre Bernès et le jardin fleuri de Christophe Robert, l'affaire du match truqué VA-OM attend son dénouement et ses sanctions le vendredi 22 avril.

A 23 heures, le verdict tombe : l'Olympique de Marseille est officiellement rétrogradé en deuxième division. Désolation sur le Vieux Port, explosion de joie dans le Forez[2].

2. Saint-Étienne est, ce soir-là, l'une des rares villes en France à accueillir dans la joie et la bonne humeur la rétrogradation de l'Olympique de Marseille en deuxième division. Comme quoi on n'efface pas facilement la guerre permanente que se livraient dans les années 70 les présidents Rocher et Leclerc pour la lutte au sommet du football français.

Si les dirigeants phocéens sont condamnés, le dernier titre de champion de France est annulé. Si la Coupe d'Europe est bafouée, l'honneur est sali.

Partis célébrer la bonne nouvelle à coups d'avertisseurs dans le centre-ville, les Magic retournent au local pour une nuit teintée de fête et d'ivresse. Alcool à profusion, concours de « soufflettes », 7-14-21 à n'en plus finir, les « Gic » font, sans le savoir, preuve de solidarité avec leurs homologues marseillais et tiennent eux aussi à se réveiller avec une terrible gueule de bois le samedi 23 avril.

Partagés ce matin-là entre colère, tristesse et indignation, les Marseillais n'éprouvent pas tous l'envie de s'apitoyer sur leur propre sort. Boulevard Michelet, en face du Stade Vélodrome, le siège des Ultras concocte une énergique riposte. Débordant de haine à l'encontre des supporters du Paris Saint-Germain, et depuis hier soir contre ceux de Guingamp, club de Noël Le Graët, les Ultras éprouvent le besoin d'atténuer leurs souffrances en allant à Saint-Étienne récupérer le précieux trésor.

Publiée en de fréquentes occasions dans le magazine *Sup Mag*, l'adresse du local stéphanois ne constitue pas un inviolable secret. Ils débarquent donc dans le Forez aux premières heures de la journée et se rendent aussitôt aux abords de la rue Neyron afin de repérer l'exact emplacement.

Dix minutes leur suffisent pour que des jeunes du quartier les renseignent sur ce lieu que tout le monde craint et respecte dans les alentours. Cachés au bas de la rue, à l'abri de possibles regards, les supporters de l'OM attendent patiemment la tombée de la nuit. Pas un seul des dix Magic Fans présents ce soir-là ne remarque quoi que ce soit. Seuls les propos d'un habitant du quartier à qui l'on a demandé plusieurs fois où était le local éveillent quelque peu les soupçons de Jean-Christophe Bel.

Sorti un court instant, en compagnie de sa petite amie, le fondateur des Magic est surpris d'entendre de vives discussions au bas d'une rue le plus souvent déserte à cette heure avancée de la nuit. A peine a-t-il le temps de s'interroger qu'une quinzaine d'individus se retrouvent face à lui. Vite identifié, Jean-Christophe voit apparaître des battes de base-ball, des barres de fer et des poings américains. A dix contre un, certains s'acharnent sur lui tandis que d'autres poursuivent sa petite amie partie demander du secours.

Dans le local, au son des hurlements : « Les Marseillais sont là ! », on croit tout d'abord à une énième blague de mauvais goût. Répartis entre le salon et le bar, où une partie de tarot suit son cours, les Magic prennent conscience du drame au moment où la porte s'ouvre.

Fous furieux, survoltés, les Ultras de l'OM pénètrent dans les cent mètres carrés et détruisent tout ce qu'ils peuvent avec leurs armes blanches. Réclamant à cor et à cri leur bâche, ils blessent les occupants du salon, mais ne parviennent pas à pénétrer au fond du bar, où un comité de réception improvisé les bombarde de bouteilles, de verres, de casseroles, de chaises et autres bouts de bois. La bataille rangée dure ainsi une dizaine de minutes avant que les Marseillais, contraints et forcés, rebroussent chemin. Malgré trois blessés au crâne ouvert et des blessures de toute sorte, les Magic Fans tentent de poursuivre les Marseillais dans la rue Neyron. Sans succès.

Le visage ensanglanté, revenu on ne sait comment de l'enfer, Jean-Christophe Bel exige une arme et veut aussitôt se rendre à Marseille. Il faut à ses amis beaucoup de persuasion pour l'en dissuader. Partis se faire soigner dans l'hôpital le plus proche, les Magic Fans oublient vite les cicatrices et le traumatisme naissant.

***

Bien qu'un samedi du mois d'avril 1994 certains d'entre eux soient passés tout près de la mort, les supporters des Verts ne pensent qu'à leur honneur sauf, à leur suprématie. A ce local violé mais pas perdu, à cette bâche que les Marseillais ne récupéreront jamais. Avec le temps, l'affaire du local ne constituera qu'un vague épisode relégué au rayon des souvenirs. Déçus par le comportement d'un onze stéphanois bientôt condamné à la deuxième division, Jean-Christophe et ses Magic n'auront de cesse dans les mois qui suivent de s'illustrer sur le terrain de la violence.

A l'aéroport de Caen, après une défaite en Coupe de la Ligue, ils attaquent à jets de pierres le car de leurs joueurs et manquent pour quelques centimètres de blesser au visage Laurent Blanc. Face au Paris Saint-Germain, ils défendent énergiquement leur local en frappant grièvement un indépendant parisien venu de la région auxerroise. Contre l'Olympique Lyonnais part du Kop Nord une pince qui blesse le provocateur Pascal Olmeta[3].

Au retour d'un match de Coupe de France perdu à Montpellier, les Magic Fans cassent plusieurs vitres du stade Geoffroy-Guichard afin

3. A la suite des incidents qui avaient émaillé le derby contre l'Olympique Lyonnais, le stade Geoffroy-Guichard fut suspendu pour une rencontre. Responsable de la sécurité à Saint-Étienne, Dino Cinieri n'avait, ce soir-là, que moyennement apprécié l'attitude de Pascal Olmeta, comme il l'avait confié au mensuel *Football International* : « En arrivant devant le Kop, il a dansé la samba, a provoqué nos supporters et leur a craché dessus. Pour les exciter, il est difficile de faire mieux. Le problème, avec Olmeta, c'est qu'il n'arrête pas de faire du cinéma à chaque derby. Il provoque tout le monde par voie de presse. Geoffroy-Guichard n'est ni un cirque ni une piste de danse. » Quand on parle de la responsabilité de certains joueurs concernant la violence dans les stades…

d'exprimer leur sincère mécontentement. En mars 1996, enfin, un Magic Fan attaque à nouveau le car des joueurs foréziens sur l'autoroute qui les ramène de Gueugnon avec des piques de chantier !

Quant à la haine viscérale qui oppose les Magic Fans aux Ultras de l'Olympique de Marseille, elle est alors loin, très loin, de connaître son dénouement.

CHAPITRE 10

Entre rêve et réalité

Nous y voilà. Enfin. Bienvenue dans la ville où rien n'est simple, terre de contrastes qui affirme ses différences, cultive ses paradoxes et réfute dans le même temps le moindre cliché. Une cité qui se veut ordinaire et qui se targue d'origines ancestrales, fière enclave qui, paraît-il, n'a pas attendu le cours de l'Histoire et l'essor de la France pour se faire une place au soleil.

Oui, Marseille est unique. Si on le suggère, eux vous le crient. Si on l'oublie, ils vous le rappellent. Des heures durant, à l'occasion d'un pastaga, d'un bain de mer, d'une partie de boules ou d'une conversation animée, inusables coutumes locales dont, curieusement, les Marseillais n'aiment plus trop se vanter. En effet, « Marseille en a assez d'être Marseille. La bouillabaisse et le pastis, les magouilles et les truands, la Bonne Mère et le racisme, ça va comme ça. Les Marseillais supportent mal qu'on galèje la saveur forte de leur ville[1]. »

Il suffit de savoir. On revendique son patrimoine ou on le cache. On aime sa Bonne Mère ou on l'oublie, on se délecte de Pagnol ou on s'en moque. Bref, on se veut différent ou on se noie dans la masse, simple logique qui mettrait fin à d'ancestrales contradictions...

⁂

Là-bas, dans ce Sud si beau et attachant, dans cette Massilia injustement méconnue, il est un sujet, un seul, qui ne souffre aucune discussion : une institution centenaire aux couleurs bleue et blanche, un « Ohème » qui habite les cafés, les bars et les chaumières. Qui alimente les discussions et coule dans chaque veine de la planète Marseille. Ils sont minots ou papets, cadres ou ouvriers, bourgeois ou enfants de cagolles, issus des quartiers Nord ou de Saint-Giniez, mais tous partagent le même culte. Chez eux, « on ne va pas au stade, mais à l'OM. S'il est un objet de consensus, un seul, dans cette ville divisée et en crise, c'est bien le succès de l'équipe de football[2]. »

1. In *Marseille, histoires de famille*, de Christian Bromberger.
2. *Id.*

Du haut de la tribune Nord du Stade Vélodrome, au volant de sa voiture ou entre les quatre murs de son domicile, Christian Cataldo perpétue l'histoire, entretient la légende. Puisque « Marseille sans l'OM, c'est un ciel gris et une bouche sans paroles[3] », le responsable des Dodger's cède souvent à la logorrhée. 32 ans, marié et père d'un enfant, il supporte l'Olympique de Marseille depuis qu'il est dans le ventre de sa mère. « Lorsqu'on habite dans notre ville et que vos parents sont eux-mêmes des supporters acharnés, il est impensable d'aimer une autre équipe. Je sais qu'en France on s'étonne de cet amour viscéral, mais chaque Marseillais s'aperçoit bien vite que l'OM est intégré à sa ville. C'est indissociable. Moi, j'ai commencé à aller au Vélodrome en 1972 lors d'un match entre l'Ajax d'Amsterdam et l'OM. Depuis, je n'ai jamais cessé de vénérer ce club. »

Coincé entre deux rencontres de championnat, son boulot, sa famille, la sonnerie du portable et cette « moitié du temps » consacrée à la bonne marche de son groupe, le chaleureux Cataldo à l'accent chantant prend un malin plaisir à exposer le « phénomène » marseillais. Des affiches aux maillots dédicacés en passant par le zinc cliquetant de verres, le vaste local du centre-ville est le

3. Propos d'un supporter parus dans le quotidien *Le Méridional*, le lundi 25 septembre 1995.

cadre propice à une mise au point très attendue.

« Quand sur une banderole vous pouvez lire le slogan “Fier d'être marseillais”, c'est une devise que je vis au quotidien. Si je me défonce tous les jours pour que l'on soit fier de notre ville, c'est que j'en ai ras-le-bol d'entendre ou de lire les mêmes idioties depuis que je suis né. Chez nous, c'est toujours la même chose, la télévision ne nous montre que la poissonnière du Vieux Port et nous ressasse à longueur de temps les vieux clichés. Selon les médias, Marseille c'est encore et toujours Pagnol ou Borsalino, les viols, les meurtres, le racket, la Mafia et toutes les magouilles. Il y a un moment où nous en avons marre de cette réputation qui nous colle à la peau. A Marseille, il est temps de dire qu'il y a les mêmes problèmes qu'ailleurs. Ni plus ni moins. Il y a 1 million d'habitants, de jolies choses à voir et un climat plus qu'agréable. Je crois également que nous possédons le sens de l'accueil et de l'hospitalité, même si personne ne le souligne. Si on aime autant l'OM et qu'on se bat pour l'honneur de ce club, c'est qu'avec le football on arrive à oublier le rejet dont est victime notre ville. »

*
**

Du sentiment de persécution qui les hante, les Marseillais ont pris pour habitude de tirer d'indiscutables conclusions. Plutôt que d'en vouloir à la terre entière, et d'avoir le bon sens près de chez eux, les supporters phocéens calquent leur conduite sur la seule actualité de l'OM. A Marseille, plus que partout ailleurs, le temps passe et les cibles changent au gré du mistral.

Ennemis jurés au cours des années 80, les Girondins de Bordeaux ont depuis longtemps laissé place aux ambitions jugées arrogantes du Paris Saint-Germain. Président adulé, Dieu vivant au lendemain de Munich, Bernard Tapie n'est plus aux yeux de certains qu'un « enfoiré de Parisien », seul et tombé dans l'oubli. Tout juste lui accorde-t-on le crédit des années fastes et la Ligue des champions. Conciliantes, pour ne pas dire plus, avec l'Olympique de Marseille, les autorités du football français sont coupables de tous les maux pour s'être uniquement préoccupées des magouilles et d'un déficit estimé à plus de 300 millions de francs.

« On en veut aux gens qui nous font du mal, c'est tout, réplique Christian Cataldo. Pour Tapie, je ne tiens surtout pas à cracher dans la soupe. Ce type était un arriviste et se servait des gens, mais il leur donnait tellement de bonheur en retour que je n'ai aucune raison valable de le détester. J'avais de l'adoration et du respect pour lui, j'en ai toujours. Tout le monde ne pense pas la même chose, mais je m'en moque. Moi, je lui dis merci pour tout. En revanche, je ne cache pas qu'il y ait unanimité sur les dirigeants français ainsi que sur le Paris Saint-Germain. Noël Le Graët, c'est le cancer de notre football. Ce type est un tyran, un despote qui mène le foot français comme bon lui semble. Qu'on ne me dise surtout pas qu'il aime l'OM, car les faits prouvent le contraire. Quant au pouvoir en place au moment de notre victoire en Coupe d'Europe, je n'oublie pas le rôle de Jean Fournet-Fayard à Zurich. Il devait nous aider, il nous a descendus.

« En ce qui concerne le Paris Saint-Germain, notre rivalité se limite au football. A la différence de certains, je ne suis pas assez bête pour bousiller une voiture immatriculée 75 en plein Marseille, mais je ne prendrais pas le risque d'aller à Paris avec mon propre véhicule. Au-delà des querelles de supporters, je reproche au PSG son côté préfabriqué. Ce club n'a rien, pas d'histoire, pas de passé. Un jour, des gens se sont dit : "Tiens, si on faisait un club de football ?" A l'arrivée, il n'y a pas de structure et ils le payent. Le Paris Saint-Germain n'est pas un club de foot comme Paris ne sera jamais une ville de ballon. Attendez qu'ils soient en deuxième division et vous verrez s'ils auront 35 000 spectateurs de moyenne. Nous, à Marseille, on a un passé, une histoire, une légende. Un public extraordinaire qui répond toujours présent. »

***

Au vu de la dévorante passion qui ensevelit la cité phocéenne, au contact de ces amoureux du ballon, de ces milliers de fanions, tee-shirts et autocollants brandis avec ferveur, un doux mélange d'admiration et d'émotion nous emplit le cœur. Passionnés et excessifs mais sincères, les supporters de l'Olympique de Marseille nous rappellent les propos répétés de journalistes, d'ethnologues ou de sociologues sur ce qu'était la spécificité marseillaise, ce public exemplaire dont tous se sont longtemps honorés.

Le Stade Vélodrome était alors le seul garant de l'équilibre et de l'ordre social. Les soirs de match, on y retrouvait les Blacks, les Blancs et les Beurs, heureux de partager l'amour de l'OM et d'oublier leurs différences. Les artisans, les petits patrons ou les commerçants de la tribune Ganay, celle du Marseille profond, cohabitaient dans la joie et la bonne humeur avec les habitués du Virage Sud. La tribune Jean-Bouin, la plus prestigieuse, daignait de temps à autre s'offrir une « ola » et encourageait à son tour le onze olympien. Le Stade Vélodrome était unique, magique. « Avec 60 % des spectateurs qui résident dans Marseille, la géographie sociale de la cité se projette grosso modo sur celle du stade, offrant une carte vivante et en modèle réduit de la cité », affirmait même le professeur d'ethnologie à l'université de Provence Christian Bromberger[4].

Seul problème, et début de mise au point : entre

4. *Op. cit.*

la bonne image véhiculée et la réalité offerte aux visiteurs de passage, l'écart est considérable. Au début des années 90, alors que la France entière ne souhaite s'indigner que des seuls hooligans du Paris Saint-Germain, le Stade Vélodrome abrite en son sein une pléiade d'individus au comportement similaire. Comités d'accueil musclés, jets de pierres contre les vitres des cars stéphanois, bordelais et parisiens en particulier, injures verbales et physiques contre les joueurs de l'OM pour rendement insuffisant, les abords du Vél n'ont rien de « spécifique ».

Arrivé à l'Olympique de Marseille en 1990 pour s'occuper de la sécurité, Patrick Daumas admet avoir connu des débuts difficiles. « Il y avait à l'époque un réel besoin de prendre en compte les problèmes des supporters. J'ai eu beaucoup de difficultés à me faire admettre. Ils me considéraient avant tout comme un flic alors que j'étais marseillais, fier de l'être et supporter du club. Bernard Tapie, président à l'époque, voulait de vrais supporters. Il leur a donné des moyens considérables, mais, contrairement à ce qu'on a pu dire ou entendre, Tapie n'a jamais cédé devant les Ultras ou les Winners. Si les réunions étaient parfois animées, que certains gueulaient ou aboyaient, ils n'avaient jamais le dernier mot. Tapie était trop fort et n'avait pas peur de tomber la veste s'il fallait en venir aux mains. De mon côté, j'ai demandé à mon arrivée qu'un leader bien connu du Vélodrome soit rémunéré par l'Olympique de Marseille. Avec lui, j'essayais de calmer le jeu. Sans être sûr du résultat. »

Trois jours après la victoire des Olympiens en Ligue des champions, en mai 1993, le résultat attendu par Patrick Daumas n'est pas des plus convaincants. Pour la venue du Paris Saint-Germain au Stade Vélodrome, les supporters marseillais ont une grande part de responsabilité dans les incidents qui émaillent la rencontre. Bien avant les fusées et autres images indignes, les fans parisiens sont sujets à l'inhabituelle rébellion du Virage Nord. Intimidations, insultes et crachats ne sont rien en comparaison des fumigènes, canettes de bières, pierres aiguisées et bouteilles de pastis qui blessent un membre des forces de l'ordre, ainsi qu'un responsable de l'entreprise Challenger-Rosebud. On peut également s'interroger sur la présence systématique de plusieurs Winners aux côtés des supporters adverses à chaque rencontre au Stade Vélodrome. Protégés des médias par la seule poigne de fer d'un Tapie qui les contrôlait – n'est-ce pas, Canal+ ? –, les Marseillais avaient beau jeu ce soir-là de se présenter en victimes expiatoires.

***

Il faut cependant attendre la saison 1993-1994 et les conséquences de l'affaire VA-OM pour que l'image jusque-là flatteuse mais usurpée du public marseillais s'effrite irrémédiablement. En premier lieu au Stade Vélodrome où l'atmosphère est plus tendue. Dans les tribunes latérales, l'agacement laisse place à la colère, les blagues aux quolibets. Bras d'honneur, crachats et intimidations sur les juges de touche sont devenus une habitude. La rencontre Olympique de Marseille-Football Club de Metz, en septembre 1993, provoque même l'envahissement du terrain et des scènes jamais vues dans les annales du football marseillais.

L'arbitre du match, M. Anton, confie peu de temps après au mensuel *Football International* ses effrayants souvenirs. « Ce soir-là, l'affaire VA-OM était encore d'actualité et les Marseillais venaient à peine d'apprendre leur exclusion de la Ligue des champions. Je me suis retrouvé face à des dirigeants tendus et des supporters remontés à l'égard des autorités fédérales. Le match fut émaillé de décisions difficiles à prendre, j'ai refusé un but aux Marseillais pour une main de Rudi Völler et j'ai dû exclure Basile Boli et Fabien Barthez. Le Football Club de Metz s'est imposé 3-0, ce qui a occasionné l'envahissement du terrain. Il était dès lors facile pour tous les Marseillais de faire l'amalgame entre l'arbitre et le pouvoir fédéral. Une fois rentré aux vestiaires avec mes deux juges de touche, nous avons vu la grille qui protégeait notre fenêtre être déchirée par des pierres lancées de l'extérieur. Il n'en fallait guère plus pour que d'énormes pavés soient par la suite lancés sur les vitres de notre vestiaire. J'ai juste eu le temps de reculer, sinon je les prenais sur la tête. Pendant quelques minutes, j'ai cru revivre Mai 68, j'ai failli vraiment me faire lyncher. Nous avons quitté le Stade Vélodrome deux bonnes heures après la fin de la rencontre, escortés par des voitures banalisées de la police. Je devais me rendre à l'aéroport de Marignane, situé à 20 kilomètres de Marseille, mais mes juges de touche, ma femme et moi avons dû parcourir près de 150 kilomètres à une moyenne de 150 km/h pour tenter de semer des voitures de supporters. Le lendemain, durant l'émission *Télé-Foot*, Thierry Roland a la bonne idée de dire à l'antenne ma profession ainsi que la ville où j'habite. Pendant près d'une semaine, j'ai reçu des menaces de mort à mon domicile et à mon cabinet. J'ai dû demander la protection rapprochée de la police pour ma femme et mes enfants durant la journée. Tout ça pour un match de football… »

Au Stade Vélodrome toujours, mais dans les virages cette fois, la cohabitation entre les groupes de supporters est intenable. Dès le mois de juillet, pour la venue du Racing Club de Lens, South Winners et Ultras s'affrontent en plein cœur de la tribune Sud. Cinq Marseillais aux cheveux ras sont blessés. Bis repetita huit mois plus tard lors du match Marseille-Lille, où des Winners, toujours, tentent d'agresser des supporters de la Sampdoria de Gênes invités au Vélodrome par les Ultras.

Entre des Winners qui déploient un drapeau à l'effigie de Che Guevara, souhaitent une Provence libre et indépendante avec Marseille comme capitale, et des Ultras à qui l'on reproche des sympathies fascisantes, le courant ne passe pas. A nos confrères de *L'Équipe Magazine*, le leader des Ultras Marc Hodoul confie des sentiments qui en disent long sur la fraternité ambiante. « Moi, quand je vois les Fanatics célébrer l'anniversaire de la mort de Jim Morrison, je dis que c'est vraiment n'importe quoi ! Quand je vois une banderole avec la tête de Che Guevara dépliée dans les tribunes par les Winners, je me demande vraiment à quoi ça rime. Au travers de l'OM s'est créé un phénomène de mode pour certains jeunes, qui se moquent du ballon. Y a des gamins qui viennent au stade pour fumer des joints et faire les cons. Chez les Ultras, on vient au stade pour encourager l'OM. »

Exprimés en milieu d'année 1994, ces propos demeurent d'actualité. Le passage en deuxième division, la remontée et le retour au premier plan n'ont en rien modifié la tendance. Du Virage Nord au Virage Sud, des Yankee aux Fanatics, des Dodger's aux Winners, les commentaires vont bon train, les critiques fusent. Sous couvert d'anonymat, beaucoup reprochent aux Winners leur philosophie. « Ils ont un côté révolutionnaire qui est horripilant. Moi, je n'accepte pas qu'on fasse de la politique dans un stade. Cela n'a rien à voir avec le football et avec le sport. J'ai d'ailleurs déjà eu des histoires avec eux et j'ai parfois honte de leur comportement. Quant aux Ultras, ce n'est guère mieux, ils pensent d'abord à leur groupe avant de supporter l'OM. D'autres assimilent les Winners à des gens un peu dingues. « Un de leurs leaders est un illuminé, mais c'est de famille. Je suis tout de même persuadé que les Winners sont manipulés. Il suffit de savoir qui se cache derrière eux et qui les pousse. » Un membre des Ultras évoque de son côté « une dictature que les Winners tentent d'installer (...). Tous ces adorateurs du dieu Che Guevara sont le même poison qui hante le PSG. Ils détruisent le mythe des supporters de l'OM (...). Mais comment un groupe qui se déplace de moins en moins, qui ne fait aucun spectacle, qui chante dix minutes à chaque match, et ensuite dont les membres fument des joints, comment ce groupe peut-il avoir l'ambition de faire régner sa loi sur le Vélodrome ? (...) Je suis au Commando Ultras depuis 1990 et cela fait trois ans que les South Winners nous emmerdent, nous et le reste du stade[5]. » Bonjour l'ambiance...

Dictateurs ou manipulés, amateurs de ballon ou de politique, les South Winners restent quoi

5. Propos rapportés dans le mensuel *Sup Mag*.

qu'il advienne des gens d'exception. Honnêtes, foncièrement persuadés du bien-fondé de leur action, Rachid, Camille et leurs acolytes détiennent l'art de ne jamais passer inaperçus. En novembre 1994, banderoles et communiqués de presse à l'appui, ils remercient haut et fort « l'équipe d'Israël pour avoir battu l'équipe de la Fédération française de football et surtout l'équipe de Bulgarie pour avoir interdit aux Parisiens le voyage gratuit aux USA[6] ». Dans les pages de *Sup Mag*, publication qu'ils exècrent, certains d'entre eux se définissent comme « anti-français, groupe d'extrême gauche rallié à Cuba qui impose sa loi dans le Virage Sud, n'hésitant pas à descendre dans l'antre des Commandos Ultras pour y virer ses fachos ». Les Winners « n'entretiennent aucun lien d'amitié avec des homologues français ou même étrangers (...). Leurs adversaires sont les Parisiens, qui ne respectent pas les lois du hooliganisme, les Stéphanois, trop jeunes et trop faibles, les Lyonnais, peu nombreux et racistes, les Bordelais, mythomanes et pleurnichards, et bien d'autres qu'on ne citera pas vu leur manque d'importance ! » Succincte et explicite présentation qui permet de comprendre l'habitude de certains Winners de se déguiser en supporters adverses, de pénétrer dans leur Kop et

6. *Id.*

d'y semer la terreur, comme à Saint-Étienne ou à Bordeaux. Ces gens-là n'ont véritablement peur de rien.

***

Énième conséquence attribuée à une parfois arrangeante affaire VA-OM, le comportement des supporters phocéens loin de leurs bases. Si « avant même que ne débute le championnat 1993-1994, les responsables de la sécurité risquent d'avoir à gérer des situations plus chaudes[7] » personne à l'Olympique de Marseille ne soupçonne des déplacements aussi dangereux auxquels est confronté Patrick Daumas pendant près de trois ans. « Il faut savoir que, dans de nombreux stades, notre équipe est détestée. Pour les supporters, c'est la même chose. A l'extérieur, on veut taper du Marseillais. S'il n'y a jamais eu de morts, c'est un miracle. Je me souviens notamment d'un déplacement au Parc des Princes où nous aurions pu avoir des blessés graves. Un des nôtres a eu, ce soir-là, quinze points de suture après avoir reçu un siège lancé de notre propre tribune. Les types étaient fous, ne comprenaient plus rien et avaient tellement de haine qu'ils étaient convaincus de pouvoir lancer un siège à 150 mètres de leur tribune. Le spectacle était

7. Propos de Patrick Daumas tenus à Alain Constant publiés dans *L'Équipe Magazine*.

ahurissant, on assistait à des choses dingues, insensées. »

En dépit du rôle protecteur de Bernard Tapie, passé maître dans l'étouffement d'affaires encombrantes, et de Patrick Daumas – « J'ai souvent dû couvrir mes supporters et aller les chercher dans les commissariats » –, les actes de vandalisme apparaissent au grand jour. Divisés au Stade Vélodrome, les supporters phocéens montrent à l'extérieur un tout autre visage. Puisque « l'union fait la force », on retrouve Winners, Ultras et Fanatics impliqués sous la même bannière dans de multiples échauffourées.

Après le carnage de Geoffroy-Guichard, ils s'illustrent à Bordeaux où, au cours de l'après-midi, manches de bois et pierres à la main, les supporters des deux équipes se livrent à une bataille rangée. La rencontre terminée, les Marseillais détruisent entièrement les bus municipaux chargés de les reconduire à la gare.

A l'automne 1994, condamnés à l'anonymat de la deuxième division, les supporters de l'OM défraient la chronique à Saint-Ouen contre le Red Star – bagarres avec les hooligans du PSG –, ainsi qu'à Gueugnon, où ils retournent une partie de la ville, pillent les magasins, brutalisent des commerçants et s'opposent à des CRS dans un supermarché ! Quatre d'entre eux sont arrêtés.

En 1995, le 11 avril très précisément, on les retrouve sur les devants de la scène au Parc des

Princes, lors de la demi-finale de Coupe de France. Attendus de pied ferme, les Marseillais répondent aux excités de Boulogne et en décousent porte Molitor pour un affrontement des plus violents. Cinquante arrestations, une dizaine de blessés, dont un policier en civil dans un état grave.

Loin d'être dissipé, c'est ensuite le conflit avec les supporters stéphanois qui reprend ses droits à l'approche de l'hiver. Début des retrouvailles à Alès, où l'AS Saint-Étienne, en raison d'un stade Geoffroy-Guichard suspendu, accueille Martigues à des kilomètres du Chaudron. Venus à deux cars, les supporters foréziens sont victimes ce jour-là du goût immodéré des Marseillais pour le voyage. Au nom de la bâche dérobée, les fans de l'OM rejoignent Alès avec pour unique intention de casser du Vert.

En plein après-midi, la course poursuite dans les rues de la ville gardoise débouche sur un grand nombre de blessés. Un nez cassé, de multiples contusions, des crânes ouverts, mais toujours pas de bâche retrouvée. Le 6 janvier 1996, pour les traditionnels vœux de bonne et heureuse année, ce petit monde se retrouve à Marseille pour la Coupe de la Ligue. Les Stéphanois ouvrent les hostilités en attaquant sur l'autoroute un car de supporters marseillais. Une fois arrivés au Stade Vélodrome, ils reçoivent à leur tour des piles et des centaines d'objets métalliques qui entraînent l'évacuation d'un supporter touché à la pommette. Objet de toutes les convoitises, la bâche repose quant à elle dans un endroit toujours tenu secret…

⁂

Indicateurs d'un profond malaise, ces incidents n'ont pas le luxe d'appartenir au passé. A une éprouvante tranche de vie où les supporters de l'OM s'estimaient persécutés par la Ligue, la Fédération et le Paris Saint-Germain. L'affaire VA-OM rangée aux oubliettes, chaque saison offre depuis des scènes surréalistes.

En 1995-1996, pour la seconde et dernière année de pénitence à l'étage inférieur, un retour de déplacement en terre lavalloise voit des Marseillais détruire des stations-service sur l'autoroute. Les gendarmes interviennent, saisissent divers objets dangereux et de la drogue, quatorze personnes sont déférées à la justice. Un an plus tard, la présence en première division et une équipe compétitive n'empêchent pas un vent de panique aux abords du Vélodrome. Le 26 octobre, en accord avec la direction du club, des supporters attendent les joueurs sur le parking du stade avant le match contre le Football Club de Nantes pour « les regarder droit dans les yeux et leur dire, en substance, que, puisqu'ils prenaient des chèques, ils se devaient aussi de prendre leurs responsabilités[8] ».

8. Propos de Christian Cataldo tenus à Philippe Wallez, du *Méridional*, le lundi 28 octobre 1996.

L'après-match est d'un autre ton. Des joueurs et leurs épouses sont insultés, agressés.

Le lundi 28, à l'entrée du terrain d'entraînement de la Commanderie, une trentaine d'individus s'en prennent à la voiture de Reynald Pedros. Xavier Gravelaine, quant à lui, doit être escorté jusqu'à l'entrée de l'autoroute par un important service d'ordre.

En février 1997, pour avoir tenté d'introduire des fumigènes, trois membres des Winners comparaissent devant le juge dans le cadre de l'insignifiante loi Alliot-Marie. A Bordeaux, le 22 février, deux supporters sont interpellés en possession d'une matraque et d'un fumigène. Les deux hommes ne peuvent donc participer à la bagarre générale qui oppose les Winners aux Ultras après le match.

« La cohabitation, c'est un art qui se cultive. A croire qu'en cette année 1997, sur et en dehors du terrain, l'OM est un puzzle qui s'imbrique avec beaucoup de difficultés », conclut très justement Philippe Wallez dans les pages du regretté *Méridional*.

***

Sous l'impulsion de Robert-Louis Dreyfus, de ces trois bandes et de centaines de millions de francs, l'Olympique de Marseille est à nouveau installé dans les hautes sphères du football français. Juste récompense pour Christian Cataldo et ses supporters à la ferveur, la foi et la fidélité intactes. Bonheur amplement mérité pour l'une des très rares villes de football en France. Club atypique, public exceptionnel, les principes qui accompagnent l'Olympique de Marseille perdurent. Il est en revanche grand temps de cesser d'occulter quelques réalités plus fâcheuses.

CHAPITRE 11

On n'est vraiment pas aidés

Elle constitue leur dernier trait de génie, « lumineuse » idée dont on ne sait encore s'il faut rire ou pleurer. Il y a quelques mois, la Ligue nationale de football, le ministère de la Jeunesse et des Sports et l'INSEP versaient 300 000 francs au sociologue Patrick Mignon afin de mener « une analyse des supporters et de leurs relations avec les clubs ».

Oui, 300 000 francs, somme colossale pour un sociologue, profession, comme tout le monde le sait, ô combien qualifiée pour lutter contre la violence dans les stades. 300 000 francs pour un enseignant d'université qui, dans son dernier ouvrage *La Passion du football*, remerciait

« l'Institut des hautes études de la sécurité intérieure pour avoir permis la réalisation des deux enquêtes qui alimentent en partie ce livre » et qui admettait que « beaucoup de points développés restent des hypothèses, des constructions, pour essayer de comprendre à partir des éléments dont on dispose comment se sont passés et enchaînés certains événements ».

300 000 francs versés non pas à un éminent spécialiste des tribunes, mais à un chercheur au laboratoire de sociologie de l'Institut national des sports qui « s'inspire souvent des analyses d'autres sociologues, mais aussi des relations de travail et des discussions amicales qu'il entretient avec eux ». 300 000 francs ! Pour ce tarif-là, même Xavière Tiberi aurait pu lui filer un coup de main…

***

La Ligue, la Fédération ou les pouvoirs publics concernés n'ont pas de pétrole et encore moins d'idées. Le vide intellectuel et l'absence flagrante de réflexion durent depuis des années. L'appel désespéré aux sociologues n'en est qu'une criante illustration.

« C'est faux, grogne Roland Chatard, nous avons fait du bon travail par le passé. Des supporters, certes pas les plus chauds, nous donnaient de précieuses informations et des types des Renseignements généraux se dissimulaient dans les Kops. Avec le temps, nous avions même organisé des réunions avant les matchs à risques entre les représentants des clubs, de la police et du préfet. En fonction des renseignements obtenus, on prenait les mesures nécessaires. Tout ça était fait. Vraiment. » « Moi, quand j'ai assisté à ma première réunion de sécurité pour le compte de l'Olympique de Marseille, rétorque Patrick Daumas, les gens assis autour de la table m'ont regardé comme si j'étais un extraterrestre. J'étais plus proche du terrain et des réalités que tous ces gens qui ne savent rien des stades. J'ai dû, par exemple, batailler pendant des heures et des jours pour leur faire comprendre qu'il n'était pas pensable de faire payer 150 francs une place de tribune pour un supporter de l'OM en déplacement. Les clubs profitaient de notre notoriété pour se remplir les poches et cela n'était pas tolérable. On est finalement arrivés à 50 francs, après avoir assuré aux autorités sportives que les supporters marseillais entreraient dans le stade par la force si ça ne changeait pas. Les gens en place sont en complet décalage. Qu'ils appartiennent à la Ligue ou à la Fédé, ils n'ont aucune idée des problèmes et des aspirations des supporters. »

Incapables d'endiguer de quelque manière que ce soit l'ascension du hooliganisme, la ribambelle de spécieux du football français jubilent d'assister à l'énergique réaction du gouvernement Balladur face aux sérieux incidents de l'été 1993. Ministre de la Jeunesse et des Sports, Michèle Alliot-Marie annonce peu après la rencontre Olympique de Marseille-Paris Saint-Germain qu'elle souhaite « prendre des dispositions qui permettront de lutter avec plus d'efficacité contre les hooligans ». Dans la foulée, elle étudie « s'il y a lieu d'engager des poursuites » et « saisit le ministère de la Justice afin de pouvoir disposer de mesures qui ne se heurtent pas aux textes actuellement en vigueur[1]. » La pseudo-volonté se mue en vague effet d'annonce : aucun des supporters parisiens n'est interpellé, le ministère de la Justice reste aux abonnés absents et il faut attendre les échauffourées du match Paris Saint-Germain-Caen, trois mois plus tard, pour que les pouvoirs publics daignent concocter une loi anti-hooligans.

***

Vingt-quatre heures après qu'une chaussure a atterri sur la pelouse du Parc des Princes, c'est au tour du ministre de l'Intérieur Charles Pasqua de monter à l'assaut. Celui-ci « condamne le phénomène de plus en plus préoccupant de la violence qui accompagne les manifestations sportives ». Il souligne « la nécessité d'une nouvelle réflexion sur la sécurité des rencontres, d'autant plus indis-

1. Propos rapportés dans *L'Équipe* le 2 juin 1993.

pensable que la France a la responsabilité de l'organisation de la Coupe du monde en 1998[2] » et annonce, par ailleurs, la nomination d'un responsable de la sécurité dans les stades, le commissaire divisionnaire Philippe Swiners-Gibaud.

Ancien directeur régional des Renseignements généraux à Limoges et à Metz, âgé de 45 ans, devenu conseiller du ministre chargé des affaires de police, PSG et ses drôles d'initiales doit « réfléchir à court terme sur une nouvelle approche de la sécurité dans les stades français, et plus particulièrement dans les tribunes de football. Dans un second temps, sur la mise en place de moyens conséquents[3] ».

⁂

De leur côté, Jean Fournet-Fayard – à Furiani, tout le monde est tombé sauf lui – et Noël Le Graët font le siège du ministère de la Jeunesse et des Sports. Sortie de son mutisme deux mois plus tôt – on ne sait encore pourquoi –, Michèle Alliot-Marie organise une médiatique réunion le 31 août 1993 en compagnie de Michel Denisot, Bernard Brochand, du maire adjoint de Paris Jean Tiberi et de Philippe Swiners-Gibaud, pour ne citer qu'eux.

Devant l'émoi que suscitent les images de la

2. Propos rapportés dans *France-Soir* le lundi 30 août 1993.

3. Propos rapportés dans le mensuel *Sup Mag*.

tribune Boulogne lors de Paris Saint-Germain-Caen, il est urgent de réagir. Le ministre affirme donc son « intention de déposer un texte très, très court au Parlement dès l'ouverture de la prochaine session en octobre. Ce projet de loi permettrait au juge qui sanctionne quelqu'un pour des fautes et des violences commises à l'intérieur d'un stade de prononcer une peine complémentaire d'interdiction de stade d'une durée variable[4] ». Il s'agit, plus exactement, de « déroger au principe qui régit la vente des tickets d'entrée » et de modifier la loi française, qui interdisait jusqu'à présent le refus de vente d'un billet à qui que ce soit.

Présenté au Conseil des ministres le mercredi 6 octobre 1993, le projet de loi s'attaque à ceux qui « auront par quelque moyen que ce soit provoqué des spectateurs à la haine ou à la violence à l'égard de l'arbitre, d'un juge sportif, d'un joueur ou de tout autre groupe de personnes ». Ces derniers seront passibles de 100 000 francs d'amende et d'un an de prison.

D'autre part, « l'introduction de tout objet susceptible de constituer une arme dangereuse et le jet de projectiles pourront être punis de 100 000 francs d'amende et de trois ans d'emprisonnement ». Enfin, « toute personne en état d'ivresse dans un stade sera passible de

4. Propos rapportés dans *Le Parisien* le 1er septembre 1993.

15 000 francs d'amende et d'un an d'emprisonnement ». A ce volet Michèle Alliot-Marie ajoute un aspect « préventif » en associant une « peine complémentaire qui permettra à un juge d'interdire l'entrée des stades pour une durée maximale de cinq ans à toute personne condamnée pour violence[5] ».

Voté au Sénat le 22 octobre, le texte est adopté par l'Assemblée nationale le lundi 8 novembre 1993. Ces diverses mesures comblent d'aisance Jean Fournet-Fayard, « elles sont appropriées et pourront être mises en route rapidement », Norbert Rouibi, responsable de la sécurité au Parc des Princes, « ces mesures dépassent même l'espérance de la police, il faut que la peur du gendarme prédomine[6] ».

Les responsables du Paris Saint-Germain, courant octobre, finalisent un nouveau règlement intérieur du Parc des Princes. En conformité avec la loi Alliot-Marie sont désormais bannis du Parc les fumigènes, les feux d'artifice, les fusées, les bouteilles, les verres, les canettes, les bâtons, les hampes de drapeau, les étendards, les couteaux, les billes d'acier, les boulons, les chaussures de sécurité, les ceintures-chaînes et, plus généralement, tous les objets susceptibles d'être utilisés comme une arme. Le port de tout uniforme,

5. *Le Parisien*, 7 octobre 1993.
6. *Id.*

insigne, emblème portant atteinte au respect de la personne humaine et de sa dignité est également interdit. Le Parc des Princes se dote de surcroît d'un système de vidéosurveillance déclaré à la Commission nationale de l'informatique et des libertés (CNIL), placé sous le contrôle d'officiers de police judiciaire et susceptible d'être utilisé en cas de poursuites pénales. Au Paris Saint-Germain, selon Jean-Michel Moutier, on se « félicite que les députés aient suivi le club parisien. Notre règlement suit les propositions qui ont été adoptées par les députés. C'est même sur ce document de base que la loi a été établie[7]. »

*
**

Au mois de novembre 1993, plus de doute : dans la grande famille du football français, tout le monde il est beau, tout le monde il est content. Fortes d'un appui politique, d'un soutien logistique et médiatique, les instances dirigeantes paraissent en mesure de chasser les hooligans de nos stades. Seuls les premiers concernés que sont supporters et responsables de la sécurité sont abasourdis par la bêtise et l'inefficacité du texte adopté.

Selon l'article 42.4 de la loi, comment en effet s'assurer que l'accès à une enceinte sportive soit bel et bien interdit à toute personne en état

7. *Le Parisien*, 9 novembre 1993.

d'ivresse ? Mettre des alcootests à l'entrée des stades ? Contrôler les spectateurs de loges ou de tribunes présidentielles qui, eux, abusent à volonté des boissons alcoolisées[8] ?

Selon l'article 42.7, comment condamner à une amende de 600 à 100 000 francs et une peine d'emprisonnement ferme tous ceux qui auront par quelque moyen que ce soit provoqué des spectateurs à la haine ou à la violence à l'égard de l'arbitre, d'un juge sportif, d'un joueur ou de toute autre personne ? Mettre en prison les supporters qui insultent l'équipe adverse ? Condamner 40 000 Parisiens et 60 000 Marseillais, autant de Lyonnais et de Stéphanois, lorsqu'ils se rencontrent ? Dans ces conditions, pourquoi ne pas envoyer non plus derrière des barreaux les joueurs qui se battent sur le terrain, ceux qui insultent l'arbitre, les dirigeants au comportement déplacé ou même des représentants de l'ordre aux méthodes douteuses ?

Comment se fait-il que l'article 42.9, qui stipule que sera puni d'une amende de 600 à

8. Au cours de l'interview accordée au magazine *Sup Mag*, Gérard Rousselot convenait qu'il fallait « mettre tous les spectateurs à la même enseigne » concernant la vente et consommation d'alcool dans les stades. De plus, il déclarait que « si on veut être logique, il devrait y avoir un arrêté préfectoral qui interdise par la même occasion la vente de boissons alcoolisées dans un certain rayon autour du stade ».

100 000 francs et de deux mois à trois ans d'emprisonnement quiconque aura jeté ou tenté de jeter un projectile présentant un danger pour la sécurité des personnes, ne soit jamais respecté ? Les lanceurs de piles, de boulons ou plus récemment de téléphones portables lors de la rencontre Marseille-Bordeaux sévissent en totale impunité...

⁂

Nulle, inadéquate, la loi Alliot-Marie se distingue essentiellement par sa non-application. Fin 1995, deux ans après son adoption, les bagarres se multiplient dans les tribunes stéphanoises, bordelaises, nantaises, marseillaises ou parisiennes, et ils ne sont qu'une dizaine de supporters à être jugés selon son champ d'application[9]. Les forces de police ne savent toujours pas où, quand ni comment intervenir. A l'intérieur ou à l'extérieur des stades ? Avec ou sans l'aide des stadiers ?

Si, d'après la loi, les fumigènes sont interdits dans TOUS les stades, certains clubs les tolèrent. Le responsable de la sécurité de l'AS Cannes affirme que « les interpellations de ceux qui allument les fumigènes ne s'effectuent pas. C'est la ligne de conduite que s'est fixée la police nationale, dans la mesure où cela risquerait de provo-

9. En 1993-1994, saison d'application de la loi Alliot-Marie, quatre supporters étaient interdits de stade. En Angleterre, pour la même période, on en dénombrait 474. Source : *L'Équipe Magazine*.

quer des actes de vandalisme. » Auxerre fait de même, les « tolère et même les autorise en fin de rencontre ». A Montpellier, « tant que les supporters les font péter, ça passe. Par contre, s'ils les balancent sur le stade, là, on essaye d'intervenir »[10].

L'Olympique de Marseille, par la voix de Patrick Daumas, se montre à l'époque clair, net et précis sur la loi Alliot-Marie et sur les fumigènes. « Il n'est pas question d'avoir la critique facile, mais je pense, avec mes six années d'expérience, bien connaître le sujet. Lors d'un Paris Saint-Germain-Olympique de Marseille, un représentant de la police m'a juré qu'il arrêterait le moindre supporter en possession d'un fumigène. Il était tellement à côté de la plaque que j'ai éclaté de rire. En réalité, les policiers subissaient trop de pressions de la part de la Ligue et des politiques qui, eux, voulaient à tout prix donner un exemple au public et à la presse. Les flics en arrivaient à disjoncter et à faire des erreurs. Mais je ne leur en veux pas, mes reproches vont plutôt à ces gens en cravate qui m'ont toujours donné envie de hurler. Il est temps pour eux de connaître un supporter, de savoir ce qu'il a dans le ventre. Avant que je quitte mes fonctions, ce n'était pas le cas. Loin de là. »

⁂

10. Propos rapportés dans le mensuel *Sup Mag*.

La loi Alliot-Marie entrée en vigueur, le rapport tant attendu de Philippe Swiners-Gibaud fait l'effet d'une bombe et gêne certaines respectabilités. Après des semaines d'enquête et de discussions, les conclusions du commissaire divisionnaire mettent directement en cause l'insuffisance des clubs professionnels et des autorités du football français. Premier grief : « Les stades ne sont pas aux normes. Les infrastructures françaises sont aujourd'hui inadaptées. Tous les stades ont été construits dans un esprit de convivialité. Il y a trente ans, c'est un fait, cela ne posait aucun problème. Mais cela ne répond plus aux besoins actuels[11]. »

Autre reproche, à peine voilé, l'attitude répressive des dirigeants du Paris Saint-Germain : « Quand on a peur de quelqu'un, on le marginalise et c'est ce qu'il faut à tout prix éviter. Comment ? En écoutant les autres et en aménageant les stades comme ils le souhaitent. Prenez le Kop de la tribune Boulogne au Parc. Je suis convaincu que les supporters préfèrent les places debout. Si on leur donne des sièges, ils refuseront ou casseront le matériel. Mieux vaut aussi autoriser 700 supporters dans un endroit où ils peuvent être 1 000. Un supporter a besoin d'air et de mouvement. Le parquer, comme cela arrive, n'est pas bon[12]. »

11. *Id.*
12. Propos rapportés dans *L'Équipe* le 21 janvier 1994.

Enfin, et c'est le plus grave, dix ans après le Heysel, trois après Furiani et quelques mois après les incidents de Marseille et du Parc des Princes, Philippe Swiners-Gibaud met en évidence « l'incompréhension totale entre tous les partenaires. Il convient de casser absolument ce tabou. Il y a dix ans le spectacle était sur la pelouse. Aujourd'hui, il s'est déplacé. Il est sur le terrain, mais aussi dans les tribunes. Ça, personne ne l'a compris. »

⁂

Montrées du doigt, il était temps, les instances dirigeantes du football français n'ont même pas l'élégance d'adopter un profil bas. Dans les bureaux chics et cossus de l'avenue d'Iéna et du boulevard de Courcelles, le conservatisme est de rigueur. Qu'importe la violence et le ras-le-bol des supporters, critiques et conseils sont réfutés. « Chez ces gens-là », on s'autopersuade de détenir la science infuse et les mesures adéquates.

Si Roland Chatard rappelle qu'« en France, on place des gens qui ne maîtrisent pas leurs dossiers ; que je sache, Philippe Swiners-Gibaud ne connaissait rien au football, mais le ministère de l'Intérieur ne savait pas quoi en faire », la Ligue nationale et la Fédération nous proposent de leur côté une commission nationale mixte de sécurité chargée en mars 1994 de résoudre la violence dans les stades et d'enterrer, si possible, les graves lacunes du passé.

A sa tête, le président Gérard Rousselot assisté de douze membres parmi lesquels figurent des représentants de clubs, Jean-François Domergue pour le PSG et André Dubocage pour le Racing Club de Lens, des responsables de sécurité, Roland Chatard, le sociologue Patrick Mignon ainsi qu'un représentant des médias...

De supporters, aucune trace, et, en parcourant *Sup Mag* en août 1995, on comprend que ces derniers aient toutes les raisons de remettre en cause la compétence de Gérard Rousselot.

Vice-président de la FFF, membre du bureau fédéral, président de la commission de sécurité, Gérard Rousselot est alors « incapable de savoir quels sont les stades équipés de vidéo-surveillance ». En vertu des exigences de la FIFA, il se demande s'il ne va pas forcer les gens à s'asseoir et n'arrive pas à comprendre l'attitude des Ultras, « qui font preuve de fanatisme. Qu'est-ce qui empêche les Ultras de monter un orchestre, de faire du bruit, d'encourager leurs joueurs, mais aussi d'applaudir une superbe action des joueurs de l'autre équipe ? N'avoir d'yeux que pour son équipe, c'est du fanatisme et je le refuse. Cela conduit à ce que l'on connaît dans certains pays, cela conduit à de l'hystérie ».[13] Édifiant !

13. A propos d'« hystérie » et du comportement fanatique des Ultras, la Ligue nationale de football, par l'intermédiaire de Régis Pukan, adressait au SCO d'Angers en janvier 1995 une lettre rappelant que « l'utilisation d'un

Toujours dans cette fameuse interview, le président de la commission nationale mixte de sécurité informe qu'« en raison d'une recommandation du ministère de la Jeunesse et des Sports, il va demander aux clubs de ne reconnaître qu'un seul groupe de supporters. Chaque groupe devra être répertorié au sein d'une fédération et les supporters seront tous détenteurs d'une carte nationale. Quatre ans après, on attend toujours. Les clubs n'ont rien exigé, la carte n'est pas en voie d'être élaborée…

En revanche, la commission et ses membres sont toujours là. Ne les dérangez pas, ils travaillent. Gérard Rousselot est allé « tester la vidéosurveillance à Monaco – pour contrôler le prince Albert ? – avec des gens du centre de formation de la police ». En homme de terrain, désireux sans doute de provoquer l'hilarité générale, le président se rend « fréquemment dans le Kop de Nancy » et nous précise que les incidents entre l'OM et le PSG « proviennent d'un contentieux entre les deux clubs »[14].

---

porte-voix dans une enceinte est interdite et en cas de récidive une sanction sera prise ». Profonde aberration quand on sait qu'Angers n'a jamais connu de problèmes liés à la violence, et que, partout ailleurs, les porte-voix, ou mégaphones sont utilisés sans le moindre reproche. La Ligue maîtrise bien ses dossiers…

14. Lors du dernier OM-PSG au Stade Vélodrome, le Virage Sud disposait de balles de tennis, lancées à Bernard Lama, et de fumigènes, pourtant interdits par la loi ! Y a-t-il des contrôles au Vélodrome ?

Il ne perçoit « aucun décalage entre la Ligue et les supporters » et jure qu'« on sortira les casseurs des stades, tous ceux qui ne respectent rien. D'ailleurs, il y a beaucoup moins d'incidents qu'avant. Le jour où les stadiers seront tous formés et que la vidéosurveillance sera efficace, ça ira encore mieux. Je vous assure. »

⁂

Non, monsieur Rousselot, ne nous délivrez plus de promesses. Vous n'êtes pas personnellement en cause, mais sachez que votre commission nationale est inutile, constituée d'un parterre d'incompétents qui ignorent tout des tribunes.

Depuis quatre ans, on se demande pourquoi vous vous passez des vrais supporters dans votre tâche. On se demande comment et pourquoi vous rompez le dialogue avec les ultras, seule et unique population représentative des tribunes.

Sachez que, dans leur majorité, les supporters dénigrent votre politique disparate. Repus de lassitude et d'écœurement, ils trouvent votre discours insignifiant, décalé face aux réalités.

Il vous suffirait, messieurs les dirigeants, d'un peu d'humilité. D'écoute, de déplacements et d'un début de dialogue avec ceux dont vous êtes logiquement censés vous occuper. Abandonnez une fois pour toutes votre fierté, votre arrogance, quittez vos bureaux, vos costumes et vos enclaves réservées pour prendre le chemin des tribunes populaires.

« A la Ligue nationale de football, ils sont tous dépassés, ils ne connaissent pas les supporters. Ce n'est pas étonnant, car ils s'en foutent royalement. Ils ne pensent qu'au fric et ne mettent jamais un pied dans les tribunes. » Ces propos n'émanent pas d'un ultra, ni d'un hooligan. A près de 60 ans, dont 30 passés dans les tribunes, le Lensois Francis Richez vous adresse cette remise en cause lourde de sens. Vous ne la devez qu'à votre profond laxisme. Au manque de sérieux et de professionnalisme dont vous faites preuve depuis plus de vingt ans. Avec vous, les supporters ne sont vraiment pas aidés.

CHAPITRE 12

État des lieux

AUXERRE – Au contraire de ce qu'ils entendent saison après saison, les Auxerrois ne sont pas tous des « paysans ».

Terre de prédilection pour les supporters adverses, l'Abbé-Deschamps regroupe en sa paroisse les Ultras Auxerre, groupe inoffensif et sans grand relief qui colle bien à l'image du club dirigé par Guy Roux. Aucune vague, pas trop de bruit à la maison et de très rares déplacements, les Ultras de l'AJ Auxerre ne sont pas en mesure d'entrer dans le hit-parade de la violence. C'est tout à leur honneur.

BASTIA – Plus de six ans après la tragédie, les Corses disposent enfin d'un stade digne de ce nom. Moins dominateurs dans leur antre que par le passé, les joueurs bastiais peuvent toutefois compter sur la fidélité et la ferveur toute particulière du groupe Testa Mora.

Plus nombreux à domicile qu'à l'extérieur, trajet oblige, les membres des Testa Mora et des Pirates bastiais perpétuent du mieux qu'ils peuvent la légende de Furiani : un stade mythique et un déplacement à envisager avec grande précaution.

Doux euphémisme, joueurs et supporters adverses n'y sont pas toujours les bienvenus. Les Marseillais ont même dû annuler leur déplacement à l'automne 1998, faute d'avoir pu assurer leur propre sécurité.

BORDEAUX – C'est dans une ville réputée conformiste et bourgeoise que la France connut au milieu des années 80 l'un de ses premiers groupes ultras. Les Ultramarines voyaient le jour, s'installaient dans le Virage Sud, sortaient le parc Lescure de son habituelle monotonie et provoquaient le courroux de Claude Bez.

Si les années passent, les Ultras sont toujours là, épaulés depuis par les Devils Bordeaux. Les supporters girondins nouent de solides amitiés avec d'autres groupes, Magic Fans stéphanois et supporters mulhousiens entre autres, mais n'hésitent pas à se frotter violemment avec les Nantais, les Strasbourgeois, les Niçois, les Marseillais, les Parisiens ou encore les Toulousains qu'ils exècrent. Lors de ces rencontres, les abords de Lescure sont à éviter.

CAEN – Le somptueux stade Michel-d'Ornano donna l'occasion aux Gunners, à la Brigade Vikings et aux Drakars Side de se faire entendre. Modèle anglais pour les uns, inspiration jamaïcaine pour les autres, les différences affichées ne débouchèrent jamais sur de quelconques affrontements.

Au passé comme au présent, le voyage en terre caennaise n'est entaché d'aucune embûche.

CANNES – Le faible intérêt des Cannois pour leur équipe de football a finalement eu raison des Bad Boys et du Ghetto Rasta, dont les banderoles n'apparaissent plus au stade Pierre-de-Coubertin.

Après les incidents causés par ces derniers dans le passé contre Nice, Marseille ou Saint-Étienne, prend désormais place le Commando rouge et blanc qui s'est vu voler sa précieuse bâche par les Magic Fans stéphanois lors du match de deuxième divisivion qui opposait cette saison les deux équipes.

LE HAVRE – Au vu de l'ambiance qui règne au stade Jules-Deschaseaux, on pourrait croire que les supporters ont le même âge que le club. Seuls le Kop ciel et marine et quelques irréductibles Barbarians soutiennent leur équipe.

A noter que, dans ce public bon enfant pas vraiment aidé par les résultats du club, une dizaine de passionnés assistent à la quasi-totalité des matchs du Havre Athlétic Club. Coup de chapeau à leur attention.

LENS – Considérés, et à juste titre, comme le meilleur et le plus fidèle public de France, les Lensois ont longtemps eu pour seul groupe de supporters le Supp'R'Lens dirigé par Francis Richez. Avec l'évolution des mentalités et des tribunes, d'autres groupes comme les North'S Warriors ou les Red Tigers ont pu voir le jour.

Désireux d'instaurer à Félix-Bollaert un climat moins pacifiste pour les supporters adverses, ces derniers se sont parfois illustrés de triste manière. Lors de derbys mouvementés contre le voisin et ennemi lillois, ou en agressant, il y a quelques années, le gardien de l'Olympique Lyonnais, Pascal Olmeta.

A l'heure actuelle, bien que les Red Tigers posent toujours problème avec le club, « personne en France n'est à l'abri, pas même nous », *dixit* Francis Richez, le Racing Club de Lens se distingue par un douzième homme aussi fervent que fair-play. Peu enclin à apparaître à la rubrique des faits divers.

LILLE – A la tête du stade Gimonprez-Jooris, les Dogues Virage Est, DVE, ne sont pas de chauds partisans de la fraternité entre supporters. Les Lensois y sont systématiquement attaqués. Quant aux déplacements du Paris Saint-Germain, de

Saint-Étienne, de Nantes ou de Cannes, conflit lié à des histoires de banderoles, ils sont parfois synonymes d'incidents avant le début de la rencontre.

Même en deuxième division, les DVE répondent encore présents et n'hésitent pas à exprimer leur colère en cas d'insuffisances répétées de l'équipe nordiste. Ils sont en revanche plus discrets loin de leurs bases.

LORIENT – Nouveaux venus en première division, les Lorientais sont plus souvent évoqués pour le jeu qu'ils pratiquent et pour leur entraîneur, Christian Gourcuff, que pour leurs supporters au nom original d'Ultras Merlus.

Au Moustoir, stade des footballeurs de Lorient, aucun incident majeur n'a été signalé ces dernières années. En règle générale, la Bretagne n'est pas atteinte par le fléau de la violence dans les stades.

LYON – Le stade de Gerland est à éviter pour certains supporters non encadrés par des forces de police. Marseillais, Bordelais et Stéphanois ont pour point commun d'être méprisés des Bad Gones, groupe ancestral et important de l'Olympique Lyonnais.

Mêlés, de près ou de loin, à de sombres histoires de pillages de stations-service et de profanations d'un cimetière juif, ceux qui ont de solides amitiés avec les Urban Service de Nantes s'affichent en masse à domicile. Situés derrière les buts, dans le Virage Nord, les Bad Gones sont épaulés par les Lugdunum's Lions, placés il y a encore quelques mois en tribune latérale, ainsi que par les Gerland Boy's, installés dans le Virage Nord du tout nouveau stade de Gerland.

MARSEILLE – LA ville de football en France, LE club qui bénéficie du plus grand nombre de groupes de supporters. Des South Winners aux Ultras en passant par les Yankee, les Dodger's, les Thunderbirds ou les MTP, Marseille Trop Puissant, le Vélodrome regorge de passionnés unis pour le seul prestige de l'OM.

Locataires des Virages Sud et Nord, ils se retrouvent de surcroît sur tous les terrains de France, match après match.

Seules ombres au tableau : une cohabitation parfois difficile, un comportement versatile en de trop fréquentes occasions avec les joueurs de l'OM et la profonde vague de haine que causent les venues au Vélodrome des Parisiens, des Stéphanois ou des Bordelais. Si Marseille et ses habitants ont le sens de l'accueil, le Stade Vélodrome fait figure d'exception.

METZ – Longtemps regroupés sous l'appellation Kop of Metz, les supporters situés derrière les buts sont devenus la Génération Grenat.

Autre présence, un temps remarquée à Saint-Symphorien, les bombers retournés de la Section Graoully, groupe dissident parti à de nombreuses occasions acclamer ses joueurs de l'autre côté du stade.

Fidèles, mais pas trop nombreux, les fans du Football Club de Metz ne forment désormais plus qu'un. Ils sont derrière les buts et ne constituent pas une sérieuse menace pour l'intégrité physique d'autres supporters. A l'exception, peut-être, des Nancéiens au cours des traditionnels derbys.

MONACO – Non, la loge du prince Rainier n'est pas la tribune la plus peuplée du stade Louis-II. Dans une Principauté qui n'accorde que très peu d'intérêt à l'équipe de football, hormis pour ses finances, ils sont quelques-uns depuis des années à essayer d'encourager l'Association sportive de Monaco. On a ainsi vu par le passé une cinquantaine d'Ultras ou de Scoonvolts derrière l'équipe du président Campora.

Louis-II reste cependant l'unique stade en France où une équipe adverse peut éprouver la réelle impression de jouer à domicile. Aucun incident à craindre.

MONTPELLIER – Le vieux stade de la Mosson abritait auparavant une tribune appelée La Butte, où il ne faisait pas bon traîner avec certaines écharpes. Le Kop de Montpellier regroupe aujourd'hui les membres de la Butte Paillarde, groupe peu actif sortant de l'anonymat lors de quelques rencontres animées. Stéphanois, Nîmois et Bordelais y ont connu des fins de match difficiles. En raison de son emplacement, proche d'une cité dans le quartier de la Paillade, le stade de la Mosson est l'un de ceux où les incidents prennent parfois place.

NANCY – Territoire bien connu du président de la commission nationale de sécurité, le Kop de Nancy ne présente aucun intérêt. Ses Ultras et ses Snipers – ça ne s'invente pas – y sont peu nombreux, et il faut la venue du voisin messin pour constater de temps à autre des échauffourées vite maîtrisées.

NANTES – Young Boys, Old Boys, Yellow Power et Urban Service, les supporters du Football Club de Nantes se délectent de noms à consonance anglaise. Dans cette liste qui change constamment – on ne voit plus de banderoles à la Beaujoire –, les Urban Service et les Yellow Power sont ce qui se fait de plus dangereux.

Cheveux courts et look « casual » que tout le monde finit par repérer, amis des Bad Gones de l'Olympique Lyonnais, les Urban se sont par le passé affrontés avec les Magic Fans stéphanois et les Ultramarines bordelais. Vaincus ou vainqueurs, les Urban Service ont toujours le goût de la baston.

NICE – Le long de la promenade, on ne compte pas que des Anglais. Mais, faute de résultats, les turbulents membres des Brigades Sud ne donnent plus au stade du Ray son ambiance d'antan.

Reste que l'un des plus vieux groupes ultras a souvent défrayé la chronique pour ses exactions envers les supporters adverses. Sur la Côte d'Azur, Cannes et Monaco, ou dans le reste de la France, nombreux sont ceux qui ont eu maille à partir avec les Brigades Sud de l'OGC Nice. N'est-ce pas les Magic Fans ?

PARIS SAINT-GERMAIN – Se promener aux abords de la tribune Boulogne avec un maillot de l'Olympique de Marseille, ou au volant d'une voiture immatriculée dans les Bouches-du-Rhône, relève de l'inconscience.

En dépit des vrais supporters que sont les Boulogne Boys, des vigiles installés dans la tribune et des forces de police à l'extérieur du stade, Boulogne reste Boulogne : un endroit à fortement déconseiller pour toute personne qui se moque du Paris Saint-Germain. En face, l'aide considérable de Canal+ a permis aux Supras, Tigris Mystic et autres Lutèces Falco de donner à la tribune Auteuil un air de Kop.

SAINT-ÉTIENNE – La douce et lente agonie du club forézien n'a guère remis en cause l'inébranlable passion des Magic Fans et des Green

Angels. En dépit des résultats, ils continuent de faire bouillonner le Chaudron vert de Geoffroy-Guichard et se déplacent en nombre à l'extérieur.

Un retour en première division et des affiches attendues contre l'Olympique de Marseille ou l'Olympique Lyonnais pourraient réveiller l'animosité qu'ont certains d'entre eux. En 1997-1998, un train de supporters niçois était d'ailleurs attaqué en pleine gare de Saint-Chamond.

SOCHAUX – Peugeot est toujours là, l'herbe de Bonal reste un « billard » et il faut un stade flambant neuf pour trouver quelque chose à dire. Les supporters sochaliens, Crazy Lions, Ultras Sochaux et Joy Riders, se situent derrière le but, chantent et encouragent leur équipe. Comme tout le monde, ambiance et violence en moins.

STRASBOURG – A l'instar des DVE lillois, les Ultra Boys de Strasbourg occupent un virage de leur stade. Si leurs membres ne passent pas pour être de violents supporters, on a cependant longtemps entrevu à la Meinau des skinheads et des hooligans en provenance directe d'Allemagne et du club de Karlsruhe.

Les grosses affiches contre le PSG ou l'Olympique de Marseille poussent parfois ces hooligans et d'anciens Meinau Boys à se retrouver au stade.

TOULOUSE – Le Stadium offrit par le passé de violents affrontements entre supporters toulousains et adversaires d'un soir. Niçois, Marseillais et Stéphanois s'en souviennent encore.

Le climat semble aujourd'hui s'être apaisé et les Indians ou Ultras Occitans ne s'illustrent plus sur le terrain de la violence. Attention toutefois aux derbys contre les Bordelais, ainsi qu'à la venue du Football Club de Nantes.

CHAPITRE 13

C'est pas beau, un monde surpris

C'est sans grand intérêt qu'ils vivent l'approche de l'événement ; belle, fascinante et tant convoitée, la Coupe de monde 1998 ne constitue à leurs yeux qu'un sujet épisodique, une conversation futile. Les supporters, les vrais, n'ont pas pour coutume d'accorder leur priorité à l'équipe de France. Loin de là.

Alors qu'une dizaine de leurs stades subissent de longs travaux de réfection et que l'on s'interroge à longueur de colonnes, ici et là, sur le charisme de Mémé et le rendement de Zizou, ils ne songent de leur côté qu'au parcours de leur équipe. Aux résultats du week-end et à ces points glanés, aux déplacements à venir ainsi qu'aux tifos organisés lors du prochain match.

En cette veille de Mondial, l'équipe de France ordonne le consensus, impose, en toute logique, une union sacrée que les ultras récusent. Depuis près de dix ans, eux revendiquent en priorité leurs origines locales. Ils sont, banderoles à l'appui, fiers d'être lyonnais, bordelais ou nantais avant même d'être français, se fichent de Jacquet, de la liste des 22 ou des caprices de star de Bernard Lama.

A Saint-Étienne et à Marseille, on s'insurge même contre la nouvelle et bien étrange configuration Coupe du monde de Geoffroy-Guichard et du Stade Vélodrome : le premier, relooké « propre sur lui », n'a plus grand-chose d'un chaudron ; quant au second, il a dorénavant des courants d'air et toujours pas de toit.

Théâtre du tirage au sort pour les trente-deux pays qualifiés, le Stade Vélodrome est d'ailleurs le cadre d'un odieux chantage. Claude Simonet, qui sait pertinemment que le Mondial n'a pas vocation à annihiler les rares esprits partisans, espère, début décembre, éviter un mini-drame et les insultes répétées des supporters marseillais à l'encontre de la FIFA et de la Fédération française. Au nom du passé, et – vous l'avez compris – de la toujours vivace affaire VA-OM, Simonet adresse donc publiquement ses excuses au club marseillais – au nom de quoi ? – et tente par ailleurs d'acheter une bonne conduite à ses fidèles en offrant 6 000 invitations à Jacques Pélissier, président du club central des supporters de l'Olympique de Marseille. Rien n'y fait.

A leur arrivée sur le podium, le secrétaire de la Fédération internationale de football, Sepp Blatter, et les représentants de la FFF sont conspués. Manque de chance, Claude Simonet n'avait pas trouvé le juste prix du silence…

⁂

A défaut de contribuer à l'engouement bien tardif que connaît la France pour sa propre Coupe du monde, les ultras, de Marseille et d'ailleurs, n'en demeurent pas moins des observateurs éclairés. Au centre de leurs passagères interrogations : la sécurité. Attendus sur le sol français du 10 juin au 12 juillet 1998, les supporters anglais, néerlandais et allemands laissent en effet craindre le pire avec, dans leurs rangs, des hooligans aux convictions politiques affirmées qui mobilisent attention et forces de l'ordre depuis des décennies.

Quand on considère le savoir-faire des autorités sportives et publiques françaises, on peut les comprendre. Les assidus des tribunes n'ont guère de quoi être rassurés avec la nomination d'une femme à la tête de la sécurité au sein du Comité français d'organisation. Pour un acharné des

Girondins de Bordeaux, « cette décision montre le sens des responsabilités dans notre pays. Vous pouvez constater qu'à chaque fois c'est la même chose : on place des personnes qui n'ont aucune compétence. Après la loi Alliot-Marie, le rapport Swiners-Gibaud, la commission de sécurité de Gérard Rousselot et l'attitude incohérente des clubs, c'est une femme qui prend en charge la sécurité pour la Coupe du monde. C'est un choix consternant, surtout quand on connaît les risques qu'occasionne la venue de certains supporters étrangers. »

Beau sourire, parfaite présentation, Dominique Spinosi se distingue plus, il est vrai, par son curriculum vitæ et ses nombreux diplômes que par son expérience des stades. Elle coiffe Roland Chatard pour l'attribution du poste. Au mois d'avril 1998, avant que ne débute la Coupe du monde, ce dernier s'oblige à un devoir de réserve. « Même si j'étais candidat, je n'ai pas à polémiquer sur le choix qui a été fait. En tant que patron de la sécurité lors du championnat d'Europe 1984, conseiller technique au Mondial mexicain en 1986 et vice-président du conseil permanent de l'Europe pour la sécurité dans les stades, je pensais faire l'affaire. Mais on m'a écrit une belle lettre en m'expliquant pourquoi je n'avais pas été retenu. J'ai compris et je n'en dirai pas plus. Mme Spinosi est une gentille femme. Elle est agréable et s'intéresse vraiment à ce qu'elle fait. »

Deux jours après le match d'ouverture Brésil-Écosse au Stade de France[1], les regrets de l'un et les doutes des autres se confirment de la plus triste des manières. Faute de coordination, de lucidité et d'un soupçon de professionnalisme, les forces de l'ordre sont dans l'incapacité de maîtriser une cinquantaine de hooligans britanniques débarqués en terre marseillaise le 12 juin au soir.

A quelques heures du match qui doit opposer au Stade Vélodrome l'équipe nationale d'Angleterre à la Tunisie, policiers français et physionomistes anglais – les « spotters » – demeurent en effet impuissants face aux agressions, aux vitrines brisées, aux magasins pillés et autres courses poursuites qui accaparent les abords du Vieux Port.

Incessantes tout au long d'un week-end cauchemardesque, les exactions des hooligans anglais révoltent habitants et commerçants marseillais qui, très justement, mettent en cause les organisateurs de l'épreuve ainsi que les forces de l'ordre. Au micro d'un journaliste de TF1, un cafetier phocéen a beaucoup de mal à comprendre « la passivité des flics. Comment se fait-il que des mesures draconiennes n'aient pas été prises avant

1. Lors de la fête inaugurale, avant le match d'ouverture du 10 juin au Stade de France, le défilé des géants à Paris avait connu de nombreux incidents. Des bagarres, des arrestations, un homme poignardé et un supporter écossais sodomisé par des individus jamais retrouvés.

la venue des supporters anglais ? On les connaît, on sait pourtant de quoi ces dingues sont capables. Il n'y avait personne pour nous protéger, c'est une honte. »

La honte, et plus encore le discrédit, atteignent leur paroxysme le lundi 15 juin. Tandis que la capitale phocéenne panse encore ses plaies, que des incidents éclatent aux environs du Stade Vélodrome le matin même et que les supporters britanniques s'abreuvent de litres de bière, on trouve alors intelligent de regrouper les Anglais privés de billet et des centaines de supporters tunisiens sur la plage du Prado, face à un écran géant.

Sous une chaleur accablante, le match tourne bien évidement à l'émeute. Ivres d'alcool et de haine, les pseudo-supporters de sa plus très gracieuse Majesté agressent des Tunisiens, contraints de quitter les tribunes préfabriquées et de prendre la fuite. Discrètes, peu nombreuses, les forces de l'ordre réagissent sur le tard et se distinguent une fois encore par un cruel manque d'efficacité. Le scénario catastrophe se poursuit jusqu'en fin de journée où des incidents sporadiques opposent des jeunes Marseillais des quartiers Nord, venus défendre l'honneur de leur ville, aux supporters anglais le long de la Canebière.

Le lendemain matin, le calme laisse place à la colère. Sous le choc, les Marseillais n'arrivent pas à comprendre que la fête ait ainsi pu tourner au drame. Réaction logique lorsqu'on sait que de tels actes auraient pu être évités. Il aura en effet fallu trois jours d'émeute à Marseille pour que les pouvoirs publics daignent corriger le tir et mobilisent par la suite un plus grand nombre de policiers, lors des matchs de l'Angleterre à Toulouse, à Lens et à Saint-Étienne. Il suffisait pourtant d'y penser. Bien avant que le Mondial ne débute…

***

Horrifiantes, les images du carnage anglais provoquent, comme de coutume, « l'émotion et l'indignation » de la Fédération internationale et du Comité français d'organisation.

Habiles pour attirer les sponsors, dégager d'importants bénéfices financiers et s'adjuger les honneurs, ces derniers fuient en revanche leurs responsabilités au moindre accrochage. Notamment le dimanche 21 juin lorsque Daniel Nivel, chef de l'escadron de gendarmerie d'Arras, se trouve plongé dans le coma après avoir été agressé par une bande de hooligans allemands. Victime de barbares néo-nazis aux crânes rasés et aux tatouages imposants, le gendarme Nivel échappe dans les jours qui suivent aux discours de Michel Platini et de Jacques Lambert qui, à chacune de leurs interventions, disculpent le CFO pour les drames survenus à Marseille et à Lens. Qu'on se le dise, le champ d'action et la compétence du Comité français d'organisation se situent à l'intérieur des enceintes et nulle part ailleurs. Certes, c'est affreux, mais ce n'est pas de sa faute[2].

Autre acteur vedette du film de l'été, *Courage fuyons*, Sepp Blatter, nouveau président de la FIFA, avec son communiqué de presse au sortir d'une réunion du bureau de la Commission d'organisation de la Coupe du monde. Chaud devant !

« Les incidents de Lens ne peuvent être comparés à ceux de Marseille, où il n'y avait pas eu la même intention délibérée de violence. A Lens, il s'agissait de gens qui n'avaient rien à voir avec le football et ne cherchaient qu'à détruire notre société. (A Marseille, monsieur Blatter, les Anglais n'étaient pas venus faire du shopping !) Cette violence m'inquiète, mais le football doit être plus fort. Nous voulons persuader les autorités politiques des valeurs sociales du football et nous avons besoin d'elles pour arrêter les hooligans. Le règlement de la FIFA prévoit certes que les associations nationales sont responsables du comportement de leurs supporters, mais, en la circonstance, ce ne sont pas des supporters. Et puis, on ne peut pas commencer par des interdictions

2. A souligner l'attitude pour le moins étrange de Michel Platini et du CFO qui, à l'époque du Mondial, n'avaient pas montré leur empressement afin d'organiser un match de bienfaisance pour le gendarme Daniel Nivel.

dans le football ; il faut des mouvements positifs. Voilà pourquoi la compétition ne sera pas arrêtée, car il n'y a pas de panique[3] ! »

Un gendarme dans le coma, Marseille mise à sac, des centaines d'arrestations recensées en un mois et des villes en état de siège à chaque apparition des Anglais, ça ressemble pourtant à un début de panique...

⁂

De cette Coupe du monde 1998 riche en émotions restent l'apogée de l'équipe de France, d'impérissables souvenirs et des questions en suspens. En effet, pourquoi a-t-on attendu les incidents de Marseille pour que la police réponde présent à l'occasion des matchs de l'équipe d'Angleterre ?

Comment se fait-il que des milliers de supporters anglais et allemands, dépourvus de billets et bien connus des services de police, aient pu quitter leur pays et pénétrer dans le nôtre ?

Où était passée la prétendue coopération européenne entre les polices française, allemande et anglaise ?

Vous, monsieur Blatter, qui évoquez des « mouvements positifs », pourquoi n'avez-vous jamais rien fait en ce sens ?

3. Propos rapportés dans *L'Équipe*.

Pourquoi attendez-vous toujours les drames pour prononcer vos beaux discours ?

Qui empêchait la FIFA et le CFO de participer à la mise au point d'un énergique et rigoureux dispositif de sécurité ?

Au-delà d'une Coupe du monde parfaitement organisée et des excellentes idées novatrices de Michel Platini[4], la Fédération internationale de football et le Comité français d'organisation ont péché en matière de sécurité. Preuve que, décidément, sur notre territoire, ce problème connaît les pires difficultés pour être réglé…

4. Au niveau de la billetterie, on ne peut que se féliciter du système de « Pass » mis en place par le CFO. Coup de chapeau, donc, à Michel Platini et à Fernand Sastre pour cette lumineuse idée qui a permis à toutes les rencontres du Mondial de se disputer dans des stades pleins.

CHAPITRE 14

Et maintenant ?

C'était un beau roman, une belle histoire, passion exaltante et démesurée qui ne se conjugue plus qu'au passé. Daumas le Marseillais, Guiomarc'h le Parisien et Bel le Stéphanois ont repris le cours de leur vie, ce long fleuve tranquille qui dépose stades et tribunes sur les seules rives du souvenir. Forts d'une solide expérience, d'un évident recul, ces trois figures hors du commun reviennent avec émotion sur leurs « années foot », tous ces matchs, ces jours et ces nuits passés au contact de simples supporters qui les ont marqués à vie.

Parti exercer ses talents dans l'entreprise familiale, Patrick Daumas n'a pas survécu à la tonitruante arrivée de Robert-Louis Dreyfus aux commandes du vaisseau marseillais.

Ses six années de bons et loyaux services se sont perdues dans le ciel phocéen par la seule volonté de dirigeants qui souhaitaient changer d'équipe. « Je ne peux pas leur en vouloir même si je dois bien reconnaître que je ne l'ai pas bien vécu tant je m'étais défoncé pour que tout se passe bien. A l'Olympique de Marseille, j'avais d'étroites relations avec mes types et de bons rapports avec les supporters d'en face[1]. Il était de mon devoir que les déplacements des Stéphanois, des Lyonnais ou encore des Bordelais s'effectuent dans de bonnes conditions. C'était après tout la moindre des choses. Il m'est toujours apparu aberrant qu'on ne puisse pas dans notre pays organiser convenablement les matchs Paris Saint-Germain-OM ou OM-Paris Saint-Germain. Quand on en arrive là, ce n'est plus du football, mais de la bêtise et de l'incompétence chez qui vous savez. »

De sa longue et belle aventure dans le club de son cœur, l'ancien « Monsieur Sécurité » conserve d'immuables souvenirs : Bernard Tapie, « un vrai personnage », et la Coupe d'Europe remportée à Munich contre le Milan AC en mai 1993. « Quand on a connu autant d'aventures, on est par la suite un peu déçu du comportement des supporters. Mais bon, c'est normal, presque logique. Quand vous ne faites plus partie de leur monde, ils ont tendance à vous oublier. Je ne peux pas leur en vouloir. »

1. De l'avis de tous, Patrick Daumas effectuait un travail remarquable pour la sécurité des supporters adverses au Stade Vélodrome.

« Sur l'autoroute des vacances, Fabian Guiomarc'h n'a pas non plus eu son jour de chance[2]. » Viré du Paris Saint-Germain par Jean-François Domergue, le Breton au physique de menhir s'en est allé retrouver les joies du terrain. Celles du jeu, du vrai football et d'une équipe de banlieue parisienne qu'il trouve le temps d'entraîner deux fois par semaine. Après les skins, les Casuals et les durs de Boulogne, place aux jeunes de tous horizons et de diverses nationalités.

Fabian a grandi, mûri, et, s'il ne renie aucune de ses convictions, il avoue que son rôle d'aujourd'hui vaut bien ses anciennes passions. « Si j'étais né un peu plus tard, je me serais autant investi dans leurs idées et dans leurs croyances que dans celles que j'ai défendues hier. Ce n'est qu'une question de génération. Chacun son époque, chacun ses problèmes. »

Jean-Christophe Bel a, quant à lui, tiré sa révérence bien avant que les Verts de Saint-Étienne et ses dirigeants ne l'écœurent à jamais. « Les bastons, les flics, les Renseignements généraux et une vie de famille laissée de côté » offrent aujourd'hui à ce jeune chef d'entreprise « une ouverture d'esprit ». A son domicile ou dans les bureaux de Mega, sa société de sécurité, les Magic Fans ne se présentent plus à lui qu'au travers de discussions

2. « C'est un beau roman, c'est une belle histoire… », référence à la chanson de Michel Fugain.

fluides et cohérentes. « Les Magic Fans resteront à jamais une fabuleuse expérience. Cela m'a donné une meilleure approche de l'être humain. Maintenant, je sais reconnaître la gentillesse et la simplicité d'un supporter ainsi que l'hypocrisie maladive d'un dirigeant de club. En tout cas, je ne regrette rien. Pendant cinq ans, on croyait en ce qu'on faisait, on vivait pour notre groupe et non pas pour soi. Nous étions sincères, convaincus que nous allions être des Magic Fans toute notre vie. C'était vraiment beau. A l'heure actuelle, mon boulot et le recul sur les événements me donnent plus de lucidité. Même si je peux de nouveau péter les plombs, je sais que je ne recommencerai pas les mêmes erreurs, j'ai sacrifié trop de choses. Si la société ne propose pas grand-chose d'intéressant, il est tout de même beaucoup plus facile d'aller se battre que d'aller bosser. Je n'ai fait que choisir ma voie. »

⁂

Retirés d'un monde dépourvu de secrets, le supporter et les deux anciens responsables de sécurité gardent un œil attentif sur l'actualité des stades. Sur ses bonshommes emmitouflés dans des coupe-vent aux couleurs criardes qui constituent l'avenir de nos tribunes. Carrure imposante, gueule adéquate, on les appelle les stadiers.

Ce sont pour la plupart des agents de sécurité ; ils répondent à la tardive application de la loi

Pasqua[3]. Ils ont pour mission d'éradiquer le mal, d'encadrer les supporters et de relayer aux portes des stades des forces de l'ordre soumises à un ingrat et incertain second rôle. Adieu les képis, bonjour les costauds…

Sur la pelouse ou dans les travées, dans de paisibles tribunes ou dans les Kops sulfureux, les stadiers sont partout. Par leur seule présence, ils comblent la disparition des grillages, occupent le terrain. En nombre, en force.

Devant leur importance, les avis divergent. Faute de transparence, de clarté et de décisions fermes, on ne sait pas grand-chose du champ d'action dont ils disposent. Gérard Rousselot parle certes de « solution idéale avec plus de stadiers dans les tribunes et les flics en dehors du stade. En cas de débordements, des photos seront prises et les agitateurs seront arrêtés à la sortie du match », mais concède dans le même temps qu'« il n'est pas évident pour la Ligue de collaborer avec le ministère de l'Intérieur. Certains ne veulent pas quitter les stades et le préfet a encore une trop grande importance. C'est compliqué. »

Compliqué, comme le controversé professionnalisme des stadiers, qui dans bien des cas n'ont

3. Votée en 1995, la loi Pasqua s'applique depuis le 2 décembre 1997. Selon M. Rousselot, « les décrets d'application ont été longs. Ça prend du temps. » Reste que cette loi est loin de faire l'unanimité chez tous les présidents de clubs.

reçu aucune formation pour maîtriser les supporters. Sur ce sujet, la Ligue reste évasive. Ses pontes veulent « faire reconnaître leur formation par le ministère de la Jeunesse et des Sports, l'imposer aux clubs qui sont demandeurs », mais sans avancer de dates. « Peut-être dans deux ans », lâche le président de la commission nationale de sécurité.

⁂

Au rythme où vont les choses, au vu des dix dernières années des supporters dans notre pays, les bureaux et les tribunes grouillent en toute logique de personnalités qui s'inquiètent de l'avenir. « La sécurité, ça s'apprend, insiste Roland Chatard. Avec les stadiers, nous ne sommes sûrs de rien. Si ces gens-là ne sont pas formés, notamment au point de vue psychologique, nous courons tout droit à la catastrophe. Il est peut-être bon d'enlever la police des stades, mais eux au moins connaissaient leur boulot[4]. »

Aux Supp'R'Lens, premier groupe de supporters dans l'Hexagone, du moins en nombre, Francis Richez s'interroge sur le retrait des forces de l'ordre depuis l'application de la loi Pasqua. « Jusqu'à preuve du contraire, un policier en tenue me semble plus dissuasif qu'un stadier pour tous ceux qui viennent foutre le bordel dans un stade. » Précisant que son avis ne s'applique qu'à

4. A Metz et à Lyon, les stadiers ont montré leur limites face aux supporters virulents de l'Étoile rouge de Belgrade.

l'Olympique de Marseille, Christian Cataldo vilipende « les clubs et les pouvoirs publics. C'est à eux de trouver les solutions. Comme ils ne se donnent pas le mal de nous consulter, il est temps qu'ils prennent leurs responsabilités. Que tout le monde se mette d'accord. Moi, je suis favorable à l'apparition des stadiers, mais qu'ils ne soient pas d'anciens supporters, car cela peut prêter à confusion. En France, le problème, c'est que rien n'est fait. Nous n'avons que des amateurs. »

A la fin de l'année 1998, faute de solutions idoines et d'un débat constructif, la violence dans les stades français reste significative. Alors que nos voisins européens, par diverses mesures, ont su s'attaquer au mal avec les moyens nécessaires, les autorités du football français sont en panne d'inspiration.

Ligue nationale ou Fédération, commission mixte de sécurité ou stadiers, personne n'a été en mesure de réagir face aux incidents de ces derniers mois. Un train de supporters niçois attaqué à Saint-Étienne, un car mitraillé de balles lors d'un derby de deuxième division, de violentes bagarres au Stade de France pour la finale de Coupe de France PSG-Lens ou de sérieuses échauffourées au cours de Bordeaux-Paris Saint-Germain, les exactions et leurs auteurs restent impunis.

« En France, il est bon de temps en temps d'avoir un incident, car c'est ce qui nous permet de progresser. » Attention, monsieur Rousselot, demain, vous aurez peut-être des morts sur la conscience…

Bibliographie

– *L'Amour foot, une passion planétaire,*
série Mutations des éditions Autrement.

– *Platini, le roman d'un joueur,*
Jean-Philippe Leclaire, Flammarion.

– *Le Football hors la loi,*
mensuel de Dix sur Dix Éditions.

– *Génération supporter,*
Philippe Broussard, Robert Laffont.

– *La Passion du football,*
Patrick Mignon, Odile Jacob.

– Magazine *Sup Mag*.

– *Le Livre d'or du football 1992,*
Gérard Ejnès, Pierre-Marie Descamps, Solar.

– *La Violence, Que sais-je ?,*
Yves Michaud, Presses universitaires de France.

Table des matières

Cet ouvrage a été imprimé
sur presse Cameron
*par **Bussière Camedan Imprimeries***
à Saint-Amand-Montrond (Cher)
en décembre 1998

N° d'impression : 986019/1.
Dépôt légal : janvier 1999.

Imprimé en France